YULANHUA FENFANG
XIAOXUESHENG CHENGZHANG
CUJIN FANGSHI YANJIU CHUTAN

主 编◎郭永波
副主编◎杨思丽 方 杨 周 娟 李冬娴

玉兰花芬芳
小学生成长促进方式研究初探

暨南大学出版社
JINAN UNIVERSITY PRESS

中国·广州

图书在版编目（CIP）数据

玉兰花芬芳：小学生成长促进方式研究初探/郭永波主编；杨思丽，方杨，周娟，李冬娴副主编 . —广州：暨南大学出版社，2018.6
ISBN 978 - 7 - 5668 - 2390 - 8

Ⅰ. ①玉… Ⅱ. ①郭…②杨…③方…④周…⑤李… Ⅲ. ①小学教育—教育研究 Ⅳ. ①G622.0

中国版本图书馆 CIP 数据核字（2018）第 107050 号

玉兰花芬芳——小学生成长促进方式研究初探
YULANHUA FENFANG——XIAOXUESHENG CHENGZHANG CUJIN FANGSHI YANJIU CHUTAN
主　编：郭永波　副主编：杨思丽　方　杨　周　娟　李冬娴

出 版 人：徐义雄
责任编辑：武艳飞
责任校对：林　琼
责任印制：汤慧君　周一丹

出版发行：暨南大学出版社（510630）
电　　话：总编室（8620）85221601
　　　　　营销部（8620）85225284　85228291　85228292（邮购）
传　　真：（8620）85221583（办公室）　85223774（营销部）
网　　址：http：//www. jnupress. com
排　　版：广州市天河星辰文化发展部照排中心
印　　刷：广州市穗彩印务有限公司
开　　本：787mm×1092mm　1/16
印　　张：11
字　　数：200 千
版　　次：2018 年 6 月第 1 版
印　　次：2018 年 6 月第 1 次
定　　价：45.00 元

（暨大版图书如有印装质量问题，请与出版社总编室联系调换）

前　言

　　百年大计，教育为本。《国家中长期教育改革和发展规划纲要（2010—2020年)》提出了"优先发展、育人为本、改革创新、促进公平、提高质量"的工作方针，同时强调"关心每个学生，促进每个学生主动地、生动活泼地发展，尊重教育规律和学生身心发展规律，为每个学生提供适合的教育"。在学校教育中，如何创新评价方式，发挥评价的教育功能，发现和发展学生多方面潜能，了解学生个性需求，帮助学生认识自我，建立自信，促进学生在原有水平上的全面发展，成为学校教育评价方式研究的重要内容。

　　昌黎路小学诞生于20世纪20年代，是一所享誉潮州的百年名校，面对新形势、新要求，学校秉承"塑造健全人格，奠基幸福人生"教育理念，以"注重学生人格教育，注重发展学生个性，注重学生全面发展"为目标，对如何改进学生成长评价方式，如何让每一位学生都能得到关照并获得个性化成长等方面进行了专项研究。2015年"小学生成长促进方式研究"启动以来，学校重点突出"玉兰花芬芳·学生成长卡"这一具有校本特色的综合评价方式。本评价方式充分考虑小学生心理年龄特点，通过定期考核和学生互评、家长参评、教师综合评定等手段，将学生各方面的点滴进步用一朵朵不同类型的玉兰花（昌黎路小学校花）记录于成长卡上，学生在争取获得尽量多的玉兰花的数量和种类过程中个性得以展现，素质得以不断提高。学生自主提出目标，同学之间共同督促，家长参与评价，教师综合评定，学校表彰鼓励等多方面、多元化的评价方式，有效促进了学生全面、健康、快乐成长。经过3年多的实践，我校在学生成长促进方式上取得了比较有效、可供借鉴的经验，获得丰硕的成果。本书收集的文字及图片资料是昌黎路小学师生教育实践过程的写真，是教师、家长、学生的成长感悟，是"小学生成长促进方式研究"的重要成果，希望这些成果能够对其他相关学校的教育评价研究起到一定的启示作用。

　　本书的出版，得到了韩山师范学院教育科学学院院长王贵林教授的大力支持和帮助。本书共分三部分：第一部分为研究篇，是昌黎路小学"小学生成长促进方式研究"课题组成员的研究资料成果；第二部分为评价篇，是教师、家长及学生在参与"玉兰花芬芳·学生成长卡"评价过程中的体会和感想；第三部分为实践篇，是学校活动及学生作品的展示。

编　者

2018 年 3 月

目 录

CONTENTS

实践篇

研究篇

昌黎路小学"玉兰花芬芳"学生成长评价实施方案

　　为提高我校学生的综合素质，培养合格的跨世纪社会主义事业建设者和接班人，结合我校实际情况和特点，学校少先队大队部决定开展"玉兰花芬芳"学生成长评价活动。通过班级共评，定期为各方面获得进步的学生颁印相应类型的玉兰花，朵朵玉兰花将记录每一位学生小学阶段的成长经历和点滴进步。

一、指导思想

　　成长卡奖励活动从学生的心理年龄特点出发，把对学生的思想道德素质、科学文化素质和健康素质等方面的要求，具体外化为若干玉兰花，鼓励学生从日常生活及学习的具体环节入手，通过"定花""争花""养花""颁花""护花"，不断为自己确立新的目标，发现自己的潜能，看到自己的进步，证明自己的成功。同时，活动以提高学生的全面素质为目标，让学生通过积极主动地参与争花行动，独立自主地开展生动活泼、丰富多彩的争花活动，学会生存，自强自立；学会服务，乐于助人；学会创造，追求真知，成为21世纪建设有中国特色社会主义事业的合格建设者和接班人。

二、基本原则

　　（1）全面参与，鼓励进取。以我校具体条件和每个队员的实际水平为起点，倡导参与就是进步，提高就有奖励，充分调动各中队组织和全体队员参加争花行动。

　　（2）尊重学生的自主性。班主任要对训练项目及获花标准进行详细说明

和指导，要鼓励学生向自身挑战。训练过程中要注意进度和阶段性，循序渐进，注重个体差异。

（3）发挥学生的主动性。学生是训练的主体，为训练开展的一切工作和活动，都应该充分考虑到学生的兴趣和需要，充分调动所有学生的积极性。

（4）训练项目和标准的非竞争性。所有学生都可以参加本方案所设定的训练项目，获花标准一般通过努力都可以达到。各中队组织要摒弃选拔意识，强化普及观念，不强调队员之间的相互竞争，提倡自己和自己竞争，不断地为自己设定新的目标。

（5）注重全面素质的培养，鼓励发展特长。让学生在训练中不断地挑战自我，战胜自我，不断感受成功的喜悦。在突出共性培养的同时，注重鼓励个性发展；在强调全面发展的同时，注重鼓励学生发挥特长。

三、活动步骤

（1）定花：各中队对照获花标准，利用班队活动课的时间广泛宣传花的种类和要求。再由学生自己制订争花计划，确定某一阶段学会哪些技能。这一充分体现学生自主性的做法，会极大地调动争花的热情，使他们全身心地投入争花活动这一实践体验中去。

（2）争花：要求学生按照自己制订的争花计划，开展自我训练进行实践体验，这是提高技能、增长才干的中心环节。还要求学生做好争花训练记录，把训练前后的能力变化及情感体验写下来，这一做法有利于体验教育的渗透，使学生在提高技能的同时，思想素质方面也得到提高。

（3）养花：考评要体现小型、灵活，强调简便易行，重在激励。考评在班主任或中队辅导员的指导下，在中队委的带领下，以中队委员、小队长、队员自主考评为主，并将获花情况及时公布。重知识，更重技能，要尽量将队员的聪明才智、技能技巧和社会交往等能力展示出来。

（4）颁花：每学月最后一节班会课进行颁花仪式，班主任收齐获花学生的《学生成长卡》填写学月获花学生名单及获花的种类，一并上交政教处，由政教处审批后在《学生成长卡》上盖章。让学生得到成功和荣誉的体验，从而进一步激励队员向更高的目标奋斗。

（5）护花：要求队员保管好成长手册，获得的一枚枚奖章代表自己的一个个进步，用它激励自己刻苦学习、努力奋斗，争取新的进步。

四、玉兰花种类及释义

花的种类及释义供参考，学生的表现尽量与以下花种挂钩。如有需要，玉兰花种类可以再扩充。

（1）品德花：奉献爱心，助人为乐。

（2）身心花：心理、身体素质有所提高。

（3）技能花：掌握了一项才艺、本领。

（4）实践花：参与社会考察、劳动实践、手工创作等。

（5）艺术花：艺术方面获得突出表现。

（6）学习花：识字、表达、阅读、写作、计算、外语、电脑等有所进步。

（7）班务花：在班级中担任班务工作。

（8）劳动花：清洁卫生、种植、养殖等。

（9）安全花：参与各类保健讲座、救护知识竞赛、交通安全、消防、地震演练等。

（10）礼仪花：礼貌、友爱、团结等。

（11）家政花：孝敬长辈，配合学校开展工作等。

（12）纪律花：遵守学校各项规章制度。

（13）竞赛花：参与校内外各类竞赛获得名次奖励。（学校奖励）

（14）队务花：参与学校组织的活动，如值日队、少年邮局、书吧管理员、护旗手等。（学校奖励）

（15）公益花：参与校内外的公益活动、爱心捐款、仪仗队外出活动等。

（16）环保花：参与校内外组织的卫生大行动等。

五、奖励原则

（1）每班每周评选人数不超过 15 人，每人不超过 1 朵。

（2）学生现阶段的表现与前段时间相比有进步。

（3）学生获得学校颁花后要一直保持下去，表现退步的，可以取消所颁花朵。

（4）学校组织的活动、竞赛由学校在活动结束后统一颁花，不占用班级名额。

（5）玉兰花获奖情况将与学生的各项评优评奖挂钩，除物质奖励之外，可考虑以下几种形式的奖励：教师给家长打报喜电话、做一天教师的小助手、外出实践活动、做荣誉升旗手等。

（6）学生参加（非本校组织的）校外公益活动或比赛，可由主办方开具证明，并将获奖证书原件及复印件上交学校，再由学校进行奖励。

六、学期总评方法

（1）奖励等级："玉兰花芬芳"评价活动特设"特等奖""一等奖""二等奖""三等奖"四个等级。每个等级学校将给予相应的奖杯、奖状和奖品以资鼓励。

（2）成绩汇总：花朵总数＋花朵种数×1.5＝总分，除特等奖外，按总分在全年级的排名决定一、二、三等奖。

（3）奖励人数：特等奖每班 1 名（特等奖获奖者在一等奖获奖人员中按成绩及班主任意见进行选取），一等奖 30 名，二等奖 40 名，三等奖 50 名。礼仪花为必备花种，如学生无礼仪花则所获奖励等级后退一级。

（4）班主任审议：统计结果由辅导员送班主任审议，并最终确认获奖学生名单。若无特殊情况，原则上不替换、增加或减少名额。如需更改，应及时向政教处申请，临时更改，不予批准。

七、相关人员职责

（1）总辅导员：负责本项活动具体实施过程的指导与协调。

（2）年级辅导员：①每周二收齐各班玉兰花表格及成长卡，及时盖章、录入数据并归还成长卡。关注学生校内外获奖情况，及时加盖相应种类的玉兰花，并收集奖状复印件，与表格一齐装订成册。②于每学年第一学期最后一周收齐玉兰花纸质表格。③于每学年第二学期最后一周完成以下工作。

表1 需完成的工作内容

1	上交玉兰花电子表格及纸质表格
2	向信息组领取最终获奖名单，交班主任审议，确认无误后收回名单，并向班主任收取相应成长卡
3	在获奖学生成长卡上加盖获奖等次
4	在获奖学生奖状上加盖学校公章
5	按获奖名单挑选礼物并分发奖品（下学期初）

（3）班主任：班主任以"玉兰花"记录每位学生的点滴进步，针对学生不同方面的进步奖励相应种类的玉兰花。每周班会课认真讨论并评选出上周进步最大的若干位同学，将其座号、姓名、花种及评选**由按花种、从小到大的座位号**填在每周的"玉兰花评选表"上（具体参考下表），并于周二前同"成长卡"一起上交本级辅导员。**"成长卡"需按表格中填写的顺序一一对应叠放**，方便辅导员盖章。如出现不按要求填写表格或不按顺序叠放"成长卡"的情况，辅导员不予以盖章。学期评花结束后，完成每张学生成长卡的班主任签盖章工作。

表2 玉兰花评选表

序号	座号	姓名	花种	评选理由
1				
2				
3				
4				
5				
6				
7				
8				

昌黎路小学政教处

2016 年 8 月

构建"两全"的学生成长评价方式

郭永波

【摘要】"为了每一位学生的全面发展"是教育改革的核心理念,用科学的评价方式促进每一位学生快乐发展是每一位教育人的不懈追求。为了培养学生核心素养,用正向、全面的成长观引导学生走上未来的幸福道路,我校对小学生成长促进方式进行了更深入的研究和管理,遵循"关注全面素质、关注全体学生"这一"两全"原则,构建促进学生健康成长的评价方式。评价的关键首先在于对每一位学生通过自主努力获得的进步予以认同,使其产生成就感,建立信心,激发自我发展内驱力量。其次在于引导学生自觉地进行反思与总结,发现自身不足和存在问题,寻求进取途径和解决问题方案,促使每一位学生都能在原有基础上得到个性化的充分发展。

【关键词】全面素质 全体学生 评价方式 主动成长

一、传统评价方式亟须改革创新

百年大计,教育为本。《国家中长期教育改革和发展规划纲要(2010—2020年)》提出了"优先发展、育人为本、改革创新、促进公平、提高质量"的工作方针,强调把育人为本作为教育工作的根本要求。要求以学生为主体,以教师为主导,充分发挥学生的主动性,把促进学生健康成长作为学校一切工作的出发点和落脚点。要关心每一位学生,促进每一位学生主动地、生动活泼地发展,要尊重教育规律和学生身心发展规律,为每位学生提供适合的教育。现代学校德育工作实践中,如何创新德育形式,丰富德育内涵,提高德育方式的吸引力和感染力,增强德育工作的针对性和实效性,成为当前德育工作的重要研究课题。

德育工作在素质教育中占据先导地位,恰当的评价往往能对学生的成长起到重要的促进作用。然而，通过分析当前各地各校惯用的各种学生成长评价方式不难发现两大问题：一是评价要素未能考量学生的全面素质，二是评价方式难以达到激励所有学生成长这一重要目标。大多数学校每年都会评比表彰"三好学生"，"三好学生"这种评价方式主要考量学生素质中德、智、体各项可用分数表达的指标，明显忽略了学生审美表现、劳动意识和科学精神等重要素质要素。另外，能够被评为"三好学生"的永远是那部分在考试中得高分的少数学生，"差等生"纵有进步也无法在"三好学生"评比中得到关照。当前较为流行的"学生综合评价方式"实行学生自评、学生互评、教师评价、家长评价等多元评价，将"日常评价""期末评价"结果和学生每学期获得的标志性成果一并进行综合评价后得出学生的"学期评价"结果，这一评价方式也存在缺陷："差等生"还是未能得到关照，依旧被判定为"劣等"。

显而易见，我们习惯采用的传统评价方式存在着很大的局限性，未能实现考核学生全面素质、激励所有学生成长这一重要目标。为实施好素质教育，培养学生的核心素养，亟待创新育人观念和德育方式，在全面衡量不同的学生的基础上设计可操作的多元评价方式，关注个体的处境和需要，激发每个人的主观能动性，开发每个人的主体精神，促进每个人的价值实现，真正体现评价的激励和促进功能。多元评价，强调评价要素的多元化、评价主体的多元化和评价内容的多元化，其实质是全面真实地评价每一位学生，激励每一位学生自觉成长。

昌黎路小学诞生于 20 世纪 20 年代，是一所以治潮政绩显著、为潮州人民敬仰的唐代伟大文学家韩愈自号命名的学校。近百年来，昌黎人矢志不渝，始终坚持党的教育方针和社会主义办学方向，坚持教育要"面向现代化、面向世界、面向未来"，以先进的办学理念和良好形象面对一次又一次的机遇和挑战，用智慧和汗水铸就今天的成功和辉煌，成为一所享誉潮州的百年名校。面对教育新形势，学校确立了在继承中创新，以"教育有灵魂，办学有特色"为导向，以"注重发展学生个性，注重学生人格教育，注重教育资源整合，创设适合每一个学生的成长环境，发展特色教育"为抓手，以"激励学生崇善博爱、勤奋刻苦、积极上进、阳光成长"为主旨的工作方略。在如何改进学生成长评价方式，如何让每一位学生都能得到关照并获得个性化成长等方面的研究理应有所突破。

二、遵循"两全"原则的评价方式成效彰显

学校以前也经常评比表彰"三好学生",每年评比前,学校总会下达"三好学生"的评选指标,由各班班主任组织评比,各班报送学生数的25%由学校审定为"三好学生"予以表彰。"学生综合评价手册"也实行学生自评、学生互评、教师评价、家长评价等多元评价方式,并将"日常评价""期末评价"结果写入学期鉴定。这些司空见惯的评价方式实施久了,就成了教师一种固定的作业,每学期评出来的"三好学生"总是那一小部分学生,"差等生"虽然有了进步也未能得到肯定,其学期综合评价等次也自然落在"三好学生"之后。特别是在实施这些评比方式背后的一些不良现象时常困惑着我:"差等生"永远与"光荣称号"无缘;个别学生年年被评为"三好学生",可是见到老师却不懂得主动打招呼;个别学生是老师眼中的"好学生",可是在学校每次组织的公益活动和义务活动中却从未见到这些学生的身影;个别教师子女走特殊关系很容易获得"三好学生"称号,可这样的"三好学生"也习惯以自我为中心,对待学校要求参加的各项活动常常找各种不想参加的理由;在评比中评选出来的"好学生"名实不符;"差等生"没有机会得到鼓励……

为推进评价方式改革,适应学生成长需求,我校在遵循"两全"原则前提下构建学生成长评价方式的创新实践从2015年开始。当年开学初期,学校在结合本校文化元素基础上出台了"玉兰花芬芳·学生成长卡"评价方式实施方案。方案实施之前,每位学生都收到一张可用"花朵"记录点滴进步的成长卡片,每张卡片除了学生信息和班主任及家长意见专栏之外还有这样一段文字:

玉兰花见证我成长

玉兰花是昌黎路小学校花,"玉兰花芬芳·学生成长卡"评价方式考虑小学生心理年龄特点,彰显校园文化特色,朵朵玉兰花将记录每一位学生小学阶段的成长经历和点滴进步。记录学生成长的玉兰花分有学习花、劳动花、安全花、礼仪花、环保花、技能花等不同种类,学生在不同方面获得进步或取得成绩均可获得相应类型的玉兰花并记录于成长卡中。

　　学校班级定期为各方面获得进步或取得成绩的学生颁印相应类型的玉兰花，学生在校内外各项活动中有突出表现或取得成绩时同样可以凭证书或相关资料向学校申请颁印相应类型的玉兰花，学校视学生的成绩等次或进步程度每次给予颁印的玉兰花可以不只1朵。

　　每学期结束时，学校将统计每一位学生获得的玉兰花种类和数量并给予相应的物质、精神奖励，种类和数量越多奖品价值越高，被授予的荣誉也会越高！

　　你不会只在乎学习了吧，你还不赶快报名参加学校的公益活动！你进步，我送花！你有成绩，我送花！

　　玉兰花芬芳，芬芳满校园。

　　一种合适的成长评价方式由此开始实施，在遵循"关注全面素质、关注全体学生"这一"两全"原则下构建起来的促进学生成长评价方式迅速成为我校德育工作的一大亮点。实施之时我们强调：每周各班都应组织评比，任何一位学生每一方面有所进步都应奖励相应的"花朵"；考核每一位学生的进步不应参照他人，只应参照他自己。在评价管理方面，每周评比的结果都由学校政教处严格把关，学校也鼓励在班级或学校之外获得成绩和进步的学生凭相关证书申请奖励相应的"花朵"，对于学生获得的每一朵"玉兰花"学校都记录在册，学校在期末评定学生奖励等次时既要考虑每一位学生获得的花朵总数，更要考虑学生获得的花朵种类。对于在评比中获奖的学生，学校的奖励方式是物质奖励加精神奖励，用变换奖品的方式来激发学生持续参与的热情。

　　这种与学校文化密切相关，具备可操作性和实效性的评价方式得到教师和家长的热烈响应，激发每一位学生的参与热情。在实施评价过程中，教师通过"关注全面"和"关注全体"的评比奖励手段，促使学生自觉进行反思，自主发掘优势，主动寻求进步，每一位学生向上的干劲倍增，个性充分张扬。更为欣慰的是，先前评比方式背后的那些困惑统统得以化解，"崇善博爱、勤奋刻苦、积极向上、阳光成长"成为校园新风尚！

　　"玉兰花芬芳·学生成长卡"评价方式实施一个学期后，学校的微信平

台公布了如下信息：

我校自开展"玉兰花芬芳·学生成长卡"评价活动以来，通过"定花""争花""养花""颁花""护花"，对学生的思想素质、文化素质、健康素质等方面的进步细化成品德花、安全花、技能花、班务花、家政花、队务花、礼仪花等16个花种，鼓励学生自己与自己比，通过自己的努力，证明自己的进步。活动开展以来，学生们的积极性提高了，自觉性增强了，参与度加大了，校园里面呈现出一片向上、健康的氛围。为鼓励优秀学生，激励更多的学生参与到"玉兰花"的"争花""养花""护花"活动中来，学校将对在"玉兰花芬芳"评比中获得奖励等次的学生进行表彰，近期，也将组织45名获得"玉兰花芬芳·特等奖"的优秀学生与学校少先队辅导员共同外出参加实践活动。获得"玉兰花芬芳·特等奖"的同学中既有学习能手，也有品行兼优的好少年，他们是同学们的楷模，希望同学们以他们为榜样，努力实践，快乐成长。

"玉兰花芬芳·学生成长卡"评价活动开展以来，其效应和对学生成长的促进作用是极其明显的：

很多以前怕苦怕累不乐意参加学校鼓号队训练的同学为了得到"队务花""公益花"的奖励，自觉参加学校的各项课外活动并主动说服家长准时接送。

获得"礼仪花"是学校对每一位学生的基本要求，得到全体学生的响应，对学生的礼仪行为激励立竿见影。

因放学接送孩子而造成的校门外拥挤现象也随着"玉兰花芬芳"评比活动的开展而一去不返。为改善放学时段校门口拥挤的现象，学校向家长宣传：家长接孩子回家的最好方式是将车辆停放于学校周边的宽敞地带，与孩子约定等待地点，放学时指导孩子步行到约定地点乘车回家。"玉兰花芬芳"的评比活动增强了孩子们的安全意识，孩子们为了争取"安全花"都会主动劝导家长配合学校要求，自觉选择停车地点，放学时学校门口井然有序，再也没有出现拥挤现象。

老师们普遍反映，"玉兰花芬芳"评比活动开展后，老师向学生提出的要求很容易得到落实，学生更易管理了；学生再也不会单纯追求考试加分而变得热心参与学校的各项活动；"差等生"也因不时获得"玉兰花"而得到激励取得进步……

六年级一位学生家长得知女儿很乐意参与"玉兰花儿竞开放"评比活动后这样写道：

听女儿说，这学期学校开展了一项"玉兰花儿竞开放"的活动，当时我很好奇，因为我也了解过，玉兰花是昌黎的校花，那这个"玉兰花儿竞开放"又是什么呢？女儿告诉我，这是学校的新活动，每个学生都有机会获得玉兰花，她还告诉我，玉兰花的"品种"有很多，并且家长群中的老师也有说过，花的种类有学业花、家政花、礼貌花、劳动花等。当时我就对这个活动起了兴趣，以往学校主要是注重孩子的学习，而这个活动还培养孩子的礼貌、劳动等观念。对于学校组织的这项活动，我是万分支持的，这项活动培养了孩子的品德与素质，让孩子不是总沉浸在题海当中。要学会做事，得先学会做人，这是我对孩子从小到大的要求。我也常对孩子说："你可以学习成绩不好，但是你绝对不可以品德不好！"在成绩与品德之间，我相信更多家长会选择品德。做事，只是一时的成功；而做人，却是你一生的成功。希望昌黎路小学这项"玉兰花儿竞开放"活动可以一直延续下去，更希望校园的"小玉兰花"越开越多，越开越美。

我校"玉兰花芬芳·学生成长卡"评比活动取得明显成效，在社会上引起强烈反响。2016年5月4日《潮州日报》教育专版以"玉兰竞芬芳　学子乐成长"为题对我校构建的"两全"学生成长评价方式予以推介：

玉兰竞芬芳　学子乐成长

2015—2016学年度第一学期开始，湘桥区昌黎路小学各班的教室里多了一面"玉兰花儿竞开放"公布栏，上面有着每一位学生的照片，有的学生照片旁边盖有一朵朵"玉兰花"，有的则没有。站在公布栏前，有的学生洋洋得意地数了又数自己得到的"玉兰花"，有的则一脸羡慕地盯着花儿看，心里暗暗下决心自己也要获得……

这面公布栏有什么作用呢？上面的"玉兰花"又有什么含义呢？原来，

"玉兰花"是昌黎路小学的校花，"玉兰花芬芳·学生成长卡"是该校新推出的彰显校本特色的素质评价方式。一朵朵"玉兰花"代表着学生点滴的进步，对于这项评比活动，学生及家长们反响热烈，不少家长认为该评比活动给孩子们今后的进步创造了很大的空间。

关于如何评价一个学生，不少学校曾有过许多办法，如评选三好学生、优秀学生，期终老师对学生进行综合测评，或是填写《小学生综合素质成长册》，采用个人自评、教师考评、家长参评、学生互评等多种形式进行评价，最后有的学生获得三好学生、优秀学生等不同称号。这些评价方法对于激励学生发展进步都起到了程度不同的作用。

为了更有效地激励学生，充分调动学生的积极性，激发学生的潜能，昌黎路小学结合本校实际情况和特点，开展"玉兰花芬芳·学生成长卡"奖励活动。成长卡奖励活动从学生的年龄特征出发，把对学生的思想道德素质、科学文化素质和健康素质等方面的要求，具体外化为若干种玉兰花，鼓励学生从日常生活及学习的具体环节入手。通过"定花""争花""养花""颁花""护花"，不断为自己确立新的目标，发现自己的潜能，看到自己的进步，证明自己的成功。同时，活动以提高学生的全面素质为目标，让学生通过积极主动参与"争花行动"，独立自主地开展生动活泼、丰富多彩的争花活动，学会生存，自强自立；学会服务，乐于助人；学会创造，追求真知，成为 21 世纪建设有中国特色社会主义事业的合格建设者和接班人。

"献爱心，助人为乐，就能得到一朵'品德花'；掌握了一项才艺或本领，就能得到'技能花'；在艺术方面获得突出表现的，就能获得'艺术花'……"学校把学生在思想素质、文化素质、健康素质等方面的进步细化成品德花、身心花、技能花、实践花、艺术花、学习花、班务花、劳动花等多个花种，班主任以"玉兰花"记录每位孩子的点滴进步，并填写在《学生成长卡》上，每学期结束时，学校统计每一位学生获得的玉兰花种类和数量并给予相应的物质、精神奖励。通过这种方式，鼓励学生自己与自己比，通过自己的努力，证明自己的进步，进一步激励学生向更高的目标奋斗。

"如果硬性要求孩子在平时一定要怎么做，可能他会提不起兴趣。然而在日常生活中，我们不难看见孩子乐此不疲地收集各式各样的卡片，如同商家们也在各自的商品中添加集卡游戏来促销一样。采用这种'争花'的形式结合一定的奖励，孩子很感兴趣，甚至会独立自主地开展各种'争花'行动。"一位家长告诉记者。

据了解，昌黎路小学自开展"玉兰花芬芳·学生成长卡"评价活动以来，学生们的积极性提高了，自觉性增强了，参与度加大了，校园里呈现出一片向上、健康的氛围。2015—2016学年第一学期，昌黎路小学共评选出45名"玉兰花芬芳·特等奖"的优秀学生，他们中既有学习能手，也有品行兼优的好少年，是同学们眼中的楷模、队员们的榜样。为了鼓励优秀学生，激励更多的学生参与到"玉兰花"的"争花""养花""护花"活动中来，学校还组织这些优秀学生与学校少先队辅导员共同外出参加实践活动。(潮州日报记者)

三、结　语

著名教育评价专家斯塔佛尔比姆强调，评价"不在于证明，而在于改进"。小学生素质教育评价工作经过长期的探索和实践已显实效，小学生素质综合评价作为当前实施素质教育极为重要的一环应受到足够的重视，提高对学生评价的科学性和合理性，有利于学生良好习惯的养成和成绩的提高。学生的成长评价方式应客观地反映学生的全面素质水平，应关注所有学生的心理感受，科学的学生成长评价方式有助于促进学生主动成长。

学校的管理要设法满足不同层次学生的需求，要有促进所有学生在原有水平上不断向前发展的战略思维。抓住学生向上的那股劲，适当给予奖励能让学生感受到受关注、被重视，使其积极性得到提高。在满足学生获奖的优越心理时，也要吸引那些未获奖和即将获奖的学生，引导他们向前看，向优秀的同学看齐。

"步坚实，行方远"。在德育行为研究中，我校充分考虑学生全面素质和面向所有学生这"两全"因素，充分考虑行为方式的可操作性和实效性，于2015年全面启动的"玉兰竞芬芳"学生成长评价方式，既考虑小学生心理年龄特点，又突出校园文化特色。该评价方式面向全体学生，关注每一位学生各方面的成绩和进步，有效促进学生自觉参与，主动成长，这是我校在追求"教育有灵魂，办学有特色"实践中总结出来的新成果，成果的不断完善和科学应用必将引领学生精神风貌和学习成绩的巨大变化。

学校教育中学生评价方式改革初探

——以"昌黎路小学'玉兰花芬芳'学生成长评价活动"为例

杨思丽

【摘要】评价自古以来就伴随着我们的生活而存在。学校教育的一切工作，都是围绕学生进行的；而学生在学校教育中是否得到发展，学校、家长与社会的关注点都在对学生的评价上。昌黎路小学"玉兰花芬芳"学生成长评价活动把对学生的思想道德素质、科学文化素质和健康素质等方面的要求，具体外化为若干"玉兰花"，让学生在评价中获得发展，本文拟通过该评价活动的改革对学生发展性评价方式进行初步探索。

【关键词】学生评价　"玉兰花芬芳"学生成长评价活动　发展性评价

学生评价是在系统地、科学地、全面地搜集、整理、处理和分析学生信息的基础上，对学生发展和变化的价值作出判断的过程，目的在于促进教育与教学改革，使学生全面发展[1]。

评价自古以来就伴随着我们的生活而存在。学校教育的一切工作，都是围绕学生进行的；而学生在学校教育中是否得到发展，学校、家长与社会的关注点都在对学生的评价上。

《基础教育课程改革纲要（试行）》（教基〔2001〕17 号）指出："改变课程评价过分强调甄别与选拔的功能，发挥评价促进学生发展、教师提高和改进教学实践的功能。"纵观现在的中国教育，对学生的评价更多在于学业评价，即学生在某场测试中取得怎样的成绩。中国现存的教育模式中，在中高考指挥棒的指引下，学生通过在考试中完成语、数、英等科目的试卷，以成绩高低作为最终标准对其进行评价。然而，这只是一种对学生学业成绩优劣的挑选而已。这能否真正地体现学生的综合素质，能否真正判断学生是否在发展？有的学生成绩普通，然而他们品德高尚，综合能力强；有的学生动手能力强等等这些情况在学生评价中又应如何体现呢？

为了更好地对学生进行综合评价，探索"学生发展的评价"，昌黎路小学于 2015 年全面启动"玉兰花芬芳"学生成长评价活动，我们力图通过评价方式的改革，让教育实现使学生得到发展的基本功能。

一、对"玉兰花芬芳"学生成长评价活动的解析

昌黎路小学"玉兰花芬芳·学生成长卡"评价活动从学生的心理年龄特点出发，把对学生的思想道德素质、科学文化素质和健康素质等方面的要求，具体外化为若干枚"玉兰花"，鼓励学生从日常生活及学习的具体环节入手，通过"定花""争花""养花""颁花""护花"，不断为自己确立新的目标，发现自己的潜能，看到自己的进步，证明自己的成功。

昌黎路小学的校花为玉兰花，而以含苞待放的玉兰花为校徽，正是希望每一名昌黎学子都拥有纯洁美好的心灵，孜孜以求，不断上进。在本项评价活动中，为了鼓励学生在各个方面的全面发展与进步，设立了品德花、技能花、艺术花、学习花、班务花、劳动花、安全花、礼仪花、家政花、纪律花、公益花、环保花、竞赛花、队务花等 16 个花种，如学生乐于献爱心，助人为乐，参加志愿者活动就给予"品德花"的奖励；如学生积极参与学校少先队各种活动，如值日队、少年邮局、书吧管理员、旗手等，那么则授予"队务花"的奖励。

在每周一的班会课上，班主任老师组织全体学生回顾上周自己及同学的表现，让学生们通过自荐、互荐等方式，挖掘班级同学的闪光点，对在某方面取得优异成绩或有进步的同学给予玉兰花奖励。在这项活动中，孩子们学会了自己与自己比较，现在与过去比较，只要有了进步，就能得到老师、同学的肯定，学生有了追求进步的渴望，有了被发现进步的表现欲望，大家都能有所进步。

二、对"玉兰花芬芳"学生成长评价活动改革的分析

（一）学生看到自己的进步，收获成功的喜悦

教育评价评什么、怎么评、评到什么程度，能够在评价过程中影响到被评价者的行为，从而引导被评价者的发展。

发展心理学认为，每一个个体和组织都具有巨大的发展潜能；发展是一个连续的、循序渐进的、螺旋式上升的过程，是量变与质变相结合的过程；内因是发展的根本，外因是发展的条件，发展是内外因共同作用的结果[2]。

我校推行"玉兰花芬芳·学生成长卡"评价活动目的在于让学生看到自己发展的潜能，感受到自己的进步被同学、老师、家长与学校发现并肯定，他们追求进步的欲望被调动起来，使学校呈现出一片积极向上的氛围。在本项活动推行的过程中，出现了以下诸多案例：

小裕原本是一个调皮的孩子，经常因为不听话而受到父亲责骂。然而，"玉兰花芬芳"学生成长评价活动给了他一个发现自我的机会。班主任陈老师是一个充满爱心的老师，她发现了他热爱劳动的闪光点，就充分利用"劳动花"去激励他。学校心理咨询室需要打扫了，小裕马上与班里几个男生拿来扫帚去打扫；学校开会需要用到椅子，小裕与同学们一起发挥力气大的优势，很快就把会场整理好了……并且在这一次次的活动中，我们看到了他优秀的组织能力，他不仅自己动手，而且指挥、协调能力还挺强。陈老师经常在班会课上肯定他的表现，并给予他"劳动花"的奖励，这让他非常高兴，更激起了他积极参与学校活动的热情。下课后，他经常主动找老师，要求帮忙干活，因为有事做了，他调皮的机会就少了；同学们也在老师的引导下，看到了他爱劳动的优点，大家都纷纷给予他肯定。有了来自老师、同学的肯定，他的表现越来越好，进步也越来越大。

像这样的例子在学校里还能找到很多，班主任老师在每学期初通过班会课为学生说明并指导评花的细节，如你乐于助人，就给予"品德花"的奖励；你擅长绘画，积极为班级画板报，便给予"技能花"的奖励；你在某学科的学习中有进步，则给予"学习花"的奖励。在"玉兰花芬芳"学生成长评价活动中，我校以每位学生的实际水平为起点，倡导参与就是进步，提高就有奖励，不再是以成绩作为评价的唯一标准，学生们都积极地参与到"争花行动"中，感受到成功的喜悦。

（二）学生获得发展的平台，得到全面发展

在"玉兰花芬芳"学生成长评价活动的推行过程中，我们鼓励班主任老师承认学生个体原有的差异和发展中的差异，对不同的学生采取不同的评价

尺度，挖掘学生的潜能，让学生看到自己在原有基础上有进步就是收获与成功。而这项活动也让原先成绩优秀的学生有了压迫感，在每一场竞赛中，他们需要自己与自己比，只有比以前有进步，才能得到"玉兰花"。

在"玉兰花芬芳"学生成长评价活动中，有的学生在学习方面很有优势，经常参加学校组织的各类学科竞赛活动，那么可能他会获得很多的"学习花"，然而他不乐于为班集体做好事，不愿意参与到学校队务工作中，这样的学生是否能够得到我们的推荐呢？这肯定是不行的，我们倡导的是学生在多方面得到全面发展。因此，我们对学生最终的评价不是比谁得到的花数多，而是采取"花朵总数＋花朵种数×1.5＝总分"的计分方式。

为了让学生在各个方面得到发展，我校积极为学生的成长提供平台。在"玉兰花芬芳"学生成长评价活动中，我们始终坚信学生是评价的主体，学校的一切活动都应充分考虑到学生的兴趣和需要，充分调动学生的积极性，让学生在原有的基础上得以发展。因此在学校的活动创设中，我们紧紧围绕各个玉兰花的种类，设计丰富多彩的校园活动，为学生夺取玉兰花提供条件。如针对我校校门外马路窄小，学生上下学时家长经常拥堵于校门口，摩托车停放于校门口造成一定安全隐患的问题，通过班主任老师对学生进行教育，由学生和家长商量，约定一个校外接送地点，让学生自己走去找家长等举措，对校门处秩序进行规范，并由此根据学生与家长的表现评定"安全花"及"家政花"……

同时，我校全面开展"特色课"教学活动，让学生根据自己的兴趣爱好，选择某一门课程进行学习，如有的孩子选择手工，有的选择合唱，有的选择经典诵读，在经过一年的学习后，通过"精彩课堂，悦动校园——昌黎路小学特色课堂教学展示"活动，为学生搭建一个平台，让他们上台展现自我，让家长与同伴看到自己的努力，同时也给予"艺术花"的奖励。像这样，在"玉兰花芬芳"学生成长评价活动中，我校经常为学生搭建不同的成长平台，让每一位学生充分展示自己的特长。

三、对"玉兰花芬芳"学生成长评价活动的反思

（一）如何规范操作主体

每一项评价方式的出台，都需要人为进行操作，它们各有所长，然而也

有各自的局限。在昌黎路小学"玉兰花芬芳"学生成长评价活动中，我们的目的在于通过自评、他评、互评等形式对学生进行综合评价，让学生的发展得到肯定。然而在实际的操作中，班主任老师素质参差不齐。有的老师过于强势，每周一的班会课上由自己先推荐评选名单，再由学生举手表决。小学生对于老师充分依赖，老师的推荐给了他们一定的思维导向作用，从而造成评选结果过于集中。要对评价方式进行规范，就得对班主任队伍进行优化，这也给我们的评价带来了一定的困扰。

（二）如何对待发展性评价与学业评价

在实际操作过程中，我们也发现许多家长对于评价结果提出一定的异议。有的家长会说："我的孩子在班里成绩是数一数二的，为什么没有评上特等奖呢？"面对这样的声音，我们应该正确对待与引导，应该通过"玉兰花芬芳"学生成长评价活动的推进来改变家长对学生评价的观点。

参考文献

[1] 金娣，王刚. 教育评价与测量［M］. 北京：教育科学出版社，2002.

[2] 刘五驹. 实用教育评价理论与技术［M］. 苏州：苏州大学出版社，2008.

创新德育评价机制，促进学生健康成长

方 杨

【摘要】学生的成长需要激励，恰当的激励制度能激发学生的兴趣和欲望，提高学生的参与度和积极性。笔者所在学校建立了一套行之有效又富含校园文化气息的激励机制——"玉兰花芬芳·学生成长卡"德育评价机制。经过3年多的实践，笔者认为这套评价机制在发挥学生的主观能动性，培养自我学习能力方面成效良好。

【关键词】玉兰花芬芳·学生成长卡　激励　评价　发展

课程改革已实施多年，各项课程评价标准也不断趋于成熟，但德育教育的改革却没有引起广大教育工作者足够的重视，德育的评价机制明显滞后于现行的德育工作新形势。为此，我校以校徽"白玉兰"为名，设立了"玉兰花芬芳·学生成长卡"德育评价机制。

一、"玉兰花芬芳·学生成长卡"德育评价机制的设立背景

新课程改革需要新的教育评价方式，综合素质评价是这次课程改革的核心内容，也是一项新事物。评价是一种价值的导向，对人的积极性和创造性起着催化作用。当前潮州市大部分学校仅沿用校级"三好学生"等光荣称号来给予学生奖励。这种评价制度有其局限性，权衡条件就是拼成绩或拼奖状，谁的成绩优秀，谁的奖状多，谁就能获得奖励。评价的标准较为死板，考虑到学生个体千差万别，这种评价的作用日趋微弱。如何构建一套科学、客观、全面的德育评价机制，做到既兼顾学生个体发展，又兼顾学生良性竞争，整体发展，而不是单纯为了鉴别优劣的教育价值取向。由此，我校尝试推行"玉兰花芬芳·学生成长卡"德育评价机制。

二、建立"玉兰花芬芳·学生成长卡"德育评价机制的尝试和探索

我校的"玉兰花芬芳·学生成长卡"德育评价机制实施已有三年多了，期间我们不断研究问题、总结经验、改进方法、完善体系，进行了积极的探索，获得了一些富有特色的经验。

（一）"玉兰花芬芳·学生成长卡"德育评价机制的组成部分

1. 定花，创设玉兰花种类

花的种类对应着学生某一方面的进步。随着活动的开展，根据实际需要，花的种类也越来越多。花的种类分得越细，对学生的指引更有针对性，也更具有可操作性，能激发学生夺花的乐趣，促进学生的全面发展。下表是玉兰花种类一览表。

玉兰花种类一览表

花的种类	释义
品德花	奉献爱心，助人为乐
身心花	心理、身体素质有所提高
技能花	掌握了一项才艺、本领
纪律花	遵守学校各项规章制度
实践花	参与社会考察、劳动实践、手工创作等
艺术花	艺术方面获得突出表现
学习花	识字、表达、阅读、写作、计算、外语、电脑等有所进步
班务花	在班级中担任班务工作
家政花	孝敬长辈，配合学校开展工作等
劳动花	清洁卫生、种植、养殖等
竞赛花	参与校内外各类竞赛获得名次奖励
公益花	参与校内外的公益活动、爱心捐款、仪仗队外出活动等
队务花	参与学校组织的活动，如值日队、少年邮局、书吧管理员、护旗手等
安全花	参与各类保健讲座、救护知识竞赛、交通安全、消防、地震演练等
环保花	参与校内外组织的卫生大行动等
礼仪花	礼貌、友爱、团结等

2. 争花，调动学生的主观能动性

如此多样的花种，学校可以根据每学月德育的需要安排该月奖励的花种，并列明争花需达到的条件，即可以此作为推手，让学生主动参与到各项学习活动中。争花的优点体现在以下三个方面：

（1）学生不是与他人竞争，而是对自己的一种提升。只要学生能超越自己原有的表现，就能得到对应的花种。如本月或本周开展"学习花"的评比，某学生的生字本练习较先前进步了，或是某科成绩从不及格提升到及格的分数，他都有资格得到"学习花"。

（2）让更多学生明确了努力的方向。"你"成绩进步了，能得"学习花"；"他"的消防安全手抄报被表扬了，能得"安全花"；而"我"呢？与爸爸妈妈一起参加公益活动，就能得"公益花"……玉兰花的奖励，涵盖了小学生成长的方方面面，不堵塞学生寻求进步的途径。

（3）有利于学校各项工作的开展。学校活动丰富多彩，许多学生会根据家长的指向，仅参加一些主科学习方面的活动，对与主科学习无关的活动一概不参加，错误地认为这样会影响学习。对家长的这些做法，教师们常常无能为力，但有了"玉兰花芬芳·学生成长卡"评价机制，这些问题便迎刃而解。学生期末的总评，不但与花的数量有关，也与花的种类有关。个别花种如果是学月必修的话，在期末结算数量为零时，学生的一切评奖评优将被"一票否决"。

3. 养花，班队活动的园地

考评要体现小型、灵活，强调简便易行，重在激励。考评在班主任或中队辅导员的指导下，在中队委的带领下，以中队委员、小队长、队员自主考评为主，并将获花情况及时公布。但有一个标准就是切忌简单化。重知识，更重技能，要尽量将队员的聪明才智、技能技巧和社会交往等能力展示出来。

4. 颁花，用仪式加强学生的荣誉感

每学月最后一节班会课举行颁花仪式，班主任收齐获花学生的《学生成长卡》，填写学月获花学生名单及获花的种类，一并上交政教处，由政教处审批后在《学生成长卡》上盖章。让学生得到成功和荣誉的体验，并将进一

步激励学生向更高的目标奋斗。

5．护花，"成功激励法"

每位少先队员都拥有一本玉兰花成长手册，上面的一枚枚奖章代表着自己的一个个进步。一般来说，只要肯付出努力，就会获得成功。但若退步了，就会定期减去相应的花种。为了坚守这来之不易的"劳动果实"，学生们不会轻易犯错误。而是在逐步感受成功、获取荣誉的时候自信、勇敢地向更大的目标前进，去获得更大、更多的"果实"。

（二）"玉兰花芬芳·学生成长卡"德育评价机制的奖励原则

（1）学生现阶段的表现与前段时间相比有进步的，可获奖励。

（2）学生获得颁花后要会保持，如某些方面表现退步，就要取消所对应的花朵。

（3）学校组织的活动、竞赛由学校在活动结束后统一颁花，不占用班级名额。

（4）学生参加（非本校组织的）校外公益活动或比赛，可由主办方开具证明，并将获奖证书原件及复印件上交学校，再由政教处进行奖励。

（5）班主任每周一次统计上报（每班限额15朵，种类不限，每生每周所获不能超过一朵）获奖学生、奖花种类和朵数，并收齐获奖学生的成长卡交给年级辅导员，再由政教处审批盖章。

（6）"玉兰花上墙"，每班设置一个"花圃"，让学生直观地看到自己的进步及他人的进步，增强荣誉感，促进良性竞争。

（三）"玉兰花芬芳·学生成长卡"德育评价机制的花数兑换制度

学生一学期所获得的花朵数与学校各项评优评奖及学生素质报告书的操行评定挂钩。奖励等级分为特等奖及一、二、三等奖。不同的奖励等级所获的奖励不同。除物质奖励之外，还设置参与激励，如可以参加学校组织的户外学习活动；当一周荣誉升旗手；当一次荣誉红领巾广播站播音员；当一天教师的小助手……多元化的奖励方法，尽可能地容纳知识增长、社会实践、情感培养与价值趋向，让学生保持对追求"玉兰花"的主动性和持久性，让学生在快乐中成长。

三、使用建立"玉兰花芬芳·学生成长卡"德育评价机制需注意的问题

3 年多来，"玉兰花芬芳·学生成长卡"德育评价机制在班级管理中的成效是有目共睹的，但仍有些需要注意的地方。

（一）要不断完善制度

德育评价机制既有评价，也有促进的作用，这需要使用者能彻底掌握这套机制，让它成为手中的"指挥棒"，最大限度地发挥作用，全面促进学生的健康成长。另外，作为一个新生事物，它必然还存在一些漏洞和不足，这需要实施者在实施过程中不断反馈、评估、改进、完善，这样制定机制的初衷才不会扭曲，机制的生命力才会强盛。

（二）不能仅流于形式

任何一种事物，一旦赋予它某些地位的话，自然就会变得神圣，变得有价值。如果班主任或相关实施者把机制当成形式执行，没有把握"度"，只为评花而评花，或把评花当成个人喜好的奖品，没有遵守评花规则，只奖给一小部分学生，而对那些力争进步的学生视而不见。那么，"花"在学生眼中将变得平庸。一旦"花"的性质沦为平庸，那么它将会变得暗淡，失去它原有的作用。

（三）要坚持执行并敢于创新

在刚开始实施时，由于制度还不完善，没有具体的评花标准，没有那么多的花种，班主任也没有组织班干部参与，更没有发动任课老师参与，"玉兰花芬芳·学生成长卡"德育评价机制在一段时间里的作用并不是十分突出。后来经过多次讨论并指导，老师们也各自提出看法和意见，这套制度才慢慢形成并完善。由此看来，再好的想法和制度，如没有群策群力的创新，没有坚持到底的执行力，最终都会成为空谈。

今后，我们应在对"玉兰花芬芳·学生成长卡"德育评价机制的操作及探索中，力争让这一操作模式更完善、更出色，使它真真正正地发挥其激励和促进作用。让它与学校的发展过程统一起来，以此来促进学校办学水平的不断提高。

彰显办学特色，促进个性发展

——昌黎路小学"玉兰花芬芳·学生成长卡"评价制度

李冬娴

【摘要】全面落实素质教育，提高学校教育教学质量，促进学生个性发展，是当前学校最重要的工作。昌黎路小学更新教育教学理念，创新开展"玉兰花芬芳·学生成长卡"评价制度，考虑小学生心理年龄特点，彰显校园文化特色，朵朵玉兰花记录了每一位学生小学阶段的成长经历和点滴进步，活动取得一定的成效。

【关键词】素质教育　更新理念　评价制度

在全面推行素质教育以后，小学教育受到极大关注。当前小学教育偏重智育而忽视德育、美育；偏重知识的传授而忽视学生的思考力、想象力、创造力的培养；偏重教师权威而片面强调共性，忽视学生的个性、感情、兴趣、爱好、差异和人格；偏重教师的主导作用而忽视学生的主体地位，压抑学生的自主性。因此，在小学教育中应该加强学习，更新理念，全心全意实施素质教育；突出学生的主体地位，建立新的评价制度，全面落实素质教育。

为提高我校学生的综合素质，培养跨世纪社会主义事业合格的建设者和接班人，结合我校实际情况和特点，学校政教处创新开展"玉兰花芬芳·学生成长卡"评价制度。活动开展3年多，学生及家长们反响热烈，取得一定的成效。

一、源于生活，激发兴趣

长期的教学研究发现，只有与小学生生活实际联系较多的教学方法才能引起他们浓厚的兴趣，所以，无论是学校管理者还是教职人员都要对小学生心理特征有充分的了解，并联系实际情况选择合适的教育教学方式，才能彰显办学特色，进而出色完成教育教学工作。

通过仔细观察，我们发现小学生热衷于集游戏卡。学校门口的游戏摊档放学后总是很热闹，里三层外三层围个水泄不通，还时时发出阵阵欢呼声，原来是学生在集游戏卡。每次获得一张新的游戏卡，学生都会兴奋不已，这种刺激的游戏，令学生乐此不疲。集游戏卡既花钱又使学生整天心神不宁。如何能让学生主动远离游戏卡，把注意力集中到学习上……学校管理者脑洞大开，仿照集游戏卡模式，创新推出"玉兰花芬芳·学生成长卡"评价制度。

玉兰花是昌黎路小学校花，从学生的心理年龄特点出发，把对学生的思想道德素质、科学文化素质和健康素质等方面的要求，具体外化为若干玉兰花，有学习花、劳动花、安全花、礼仪花、环保花、技能花等不同种类，学生在不同方面获得进步或取得成绩均可获得相应类型的玉兰花并记录于"成长卡"中。集花、争花的过程同集游戏卡如出一辙，这样的活动以提高学生的全面素质为目标，让学生通过积极主动参与"争花行动"，独立自主地开展生动活泼、丰富多彩的争花活动，学会生存，自强自立；学会服务，乐于助人；学会创造，追求真知，成为 21 世纪建设有中国特色社会主义事业的合格建设者和接班人。

二、涵盖全面，鼓励特长

综合素质评价体现了面向全体、全面发展、因材施教的思想。

"面向全体、全面发展"是学校实施素质教育的重要原则。综合素质评价从根本上落实了素质教育的理念，实现了从重教学到重育人的转变，从重分数到重品行的转变，明确了小学阶段学校教育的重点是培养学生一个好的学习态度，形成一种好的学习品质。如何让道德教育潜移默化成为学生完善的健康人格是全社会都要关心的课题。德育教育需要利用学科的载体，也需要课外体系的协助，如教育基地、志愿者活动、社会实践等，同时还需要家庭教育的配合，如果缺乏德育教育的系统构架，校内外教育形成反差，德育教育的成果就会被削弱。

以我校具体条件和每个学生的实际水平为起点，学校设置记录学生成长的玉兰花种类繁多，涵盖全面。有心理健康、安全教育、校内活动、校外实践、公益活动、家校配合……鼓励学生全面参与，倡导参与就是进步，提高就有奖励，充分调动各中队组织和全体队员参加"争花行动"。

（一）班级评选花种

奉献爱心、助人为乐奖励一朵"品德花"；心理、身体素质有所提高奖励一朵"身心花"；掌握了一项才艺、本领奖励一朵"技能花"；参加社会考察、劳动实践、手工创作等奖励一朵"实践花"，还有艺术花、学习花、班务花、劳动花、安全花、礼仪花、家政花、纪律花共12种供班主任评选。

（二）学校评选花种

参加校内外各类竞赛获得名次奖励一朵"竞赛花"；参加学校组织的活动，如值日队、少年邮局、书吧管理员、护旗手等奖励一朵"队务花"；参加校内外的公益活动、爱心捐款、仪仗队外出活动等奖励一朵"公益花"；参加校内外组织的卫生大行动等奖励一朵"环保花"，以上4种仅供辅导员加盖。

每朵玉兰花都有具体含义，涵盖了思想道德素质、科学文化素质和健康素质等方面。让学生在"争花行动"中不断地挑战自我，战胜自我，不断感受成功的喜悦。在突出共性培养的同时，鼓励个性发展；在强调全面发展的同时，鼓励学生特长的发挥。让学生在游戏中成长，真正做到润物细无声。

三、创新模式，评价多样

在素质教育理念下，教育方式需要创新，不能采用以往的教育模式，否则将影响教育质量的提升。让所有学生都参加本方案所设定的训练项目，奖花标准一般通过努力都可以达到。各中队组织摒弃选拔意识，强化普及观念，不强调队员之间的相互竞争，提倡自己和自己竞争，学生现阶段的表现与前段时间相比有进步就可获得奖励，鼓励学生不断地为自己设定新的目标。让学生主动参与到评价中，这样的教育评价在以前是不存在的，学生竞争的积极性也更加高涨。

为坚持这一创新基本原则，摒弃以往"只奖励优秀"的情况，改为

"奖励进步"，评比奖励活动分五步完成：

（1）定花：各中队对照评比细则，利用班队活动课广泛宣传花的种类和含义。再由学生自己制订争花计划，确定某一阶段学会哪些技能。这一充分体现学生自主性的做法，极大地调动学生争花的热情，全身心地投入争花活动这一体验实践中去。

（2）争花：学生按照自己制订的争花计划，开展实践体验，这是提高技能、增长才干的环节。同时还要求学生做好争花实践体验记录，把实践体验前后能力变化及情感体验写下来，这一做法有利于体验教育的渗透，使学生在增长技能的同时，思想素质方面也得到发展。

（3）养花：考评在班主任指导下，在中队委的带领下，以中队委员、小队长、队员自主考评为主，并将奖花情况及时公布。重知识，更重技能，尽量将队员的聪明才智、技能技巧和社会交往等能力展示出来。考评活动小型灵活，简便易行，重在激励。

（4）颁花：每周班会课认真讨论并评选出上周进步最大的十位同学，填在"玉兰花评选表"上，并于周二前同《学生成长卡》一同上交本级辅导员盖花。期末一并上交政教处，由政教处审批后在《学生成长卡》上盖章。让学生得到成功和荣誉的体验，进一步激励队员向更高的目标奋斗。

（5）护花：要求队员好好保管成长手册，获得的一朵朵玉兰花代表自己的一个个进步，用它激励自己刻苦学习、努力实践，争取新的进步。

"玉兰花芬芳"评价制度从学生出发，以学生的发展为前提，为学生的发展服务，随学生的发展需要进行修订，使之日趋完善。学生全程参与了评定，评定过程的民主化，也充分体现了学生的主体地位。

四、分工明确，管理细化

为使评价活动顺利开展，学校对评价活动进行明确分工，细化管理流程。

1. 班主任职责

班主任以"玉兰花"记录每位学生的点滴进步，针对学生不同方面的进步奖励相应种类的玉兰花。每周班会课认真讨论并评选出上周进步最大的十

位同学，将其座号、姓名、花种及评选理由按花种、从小到大的座位号填在每周的"玉兰花评选表"上，并于周二前同《学生成长卡》一同上交本级辅导员。

2. 辅导员职责

各级辅导员每周二收齐各班玉兰花表格及成长卡，及时盖章、录入数据并归还成长卡。关注级内学生校内外获奖情况，及时加盖相应种类的玉兰花，并收集奖状复印件，与表格一齐装订成册。

3. 奖励原则

（1）学生现阶段的表现与前段时间相比有所进步。

（2）学生获得学校奖花后要一直保持下去，表现退步的，学校要取消所奖花朵。

（3）学校组织的活动、竞赛由学校在活动结束后统一奖花，不占用班级名额。

（4）由班主任每周一次统计上报获奖学生、奖花种类、朵数并收齐获奖学生成长卡上交年级辅导员盖章，期末由政教处审批盖章。

（5）奖花朵数与学校各项评优评奖及学生素质报告书的操行评定挂钩，除物质奖励之外，还有以下几种形式的奖励：教师给家长打报喜电话、做一天教师的小助手、与校长谈心半小时、荣誉升旗手……

（6）学生参加（非本校组织的）校外公益活动或比赛，由主办方开具证明，获奖证书原件及复印件上交学校，再由政教处进行奖励。

4. 奖励办法

（1）奖励等级："玉兰花芬芳"评比活动设"特等奖""一等奖""二等奖""三等奖"四个等级的奖励。每个等级学校将给予相应的奖杯、奖状和奖品以资鼓励。

（2）奖励人数：设特等奖每班 1 名，另以级为单位设一等奖 50 名，二等奖 50 名，三等奖 100 名。

（3）评选标准：花朵总数＋花朵种数×1.5＝总分，除特等奖外，按总分在全级的排名决定一、二、三等奖。

（4）班主任审议：统计结果由辅导员送班主任审议，并最终确认获奖同学名单。若无特殊情况，原则上不替换、增加或减少名额。

（5）玉兰花评选活动截止时间：学生放假前一周。例如，该学期第21周放假，那么第20周即全面停止评花，也就是学生累计评19周的玉兰花。

新的评价制度，对德、智、体、美、劳等在评价过程中的权重进行有效调控，以改变全面贯彻教育方针过程中各育之间结构性的缺失，促进学生全面发展；同时又简单易行。新的评价制度，采用每周一次评价考核的方法，避免凭期末成绩一次评定学生优劣的弊端。考核过程公正、合理，有利于学生的情感、意志、品质、性格的健康发展。

经过3年多实践，学生均取得不同程度的进步。平时安静的小女生学会主动向别人问好，获得一朵"礼仪花"；平时不爱运动的同学主动参加体育锻炼，增强了体质，获得一朵"身心花"；平时一心只读圣贤书，两耳不闻窗外事的学优生开始主动参加校内外公益活动，获得一朵"公益花"；平时爱偷懒的同学主动参加大扫除，在家里也抢着干家务活，家长都看傻了眼，个个觉得孩子好像变了一个人，欣喜若狂……原来这些都得益于学校推行的"玉兰花芬芳"评比活动，家长们也开始研究起学校的"玉兰花芬芳"评价制度，并撰写有关文章"谈谈对学校的'玉兰花芬芳'评比奖励制度及所开展活动的看法"，文章刊登于《家校协作简报》，竟也为孩子争取了一朵"家政花"……像这样的例子举不胜举，学校这个大花园，正时时处处盛开着鲜艳的玉兰花，辛勤的园丁们，终于等来了"春色满园关不住，一枝红杏出墙来"的丰收景象。

五、结　语

昌黎路小学"玉兰花芬芳"评比活动在学校领导的高度关注和悉心指导下，设计配套玉兰花印章（每个花种一枚印章，共16枚）、每周一张拟评"玉兰花"名单，每位学生一张"玉兰花芬芳·学生成长卡"，每班一张"玉兰花儿竞开放"公布栏，Excel统计表……通过班主任及辅导员老师的密切配合，活动认真落实，进行得有声有色，学生及家长们反响热烈。在实施评价制度的同时，也多方征集意见和建议，不断完善该项评比机制，使活动开展更彰显我校办学特色，同时促进学生个性发展。祝愿朵朵玉兰花盛开在校园的每一个角落，点点簇簇，芬芳溢满园。

浅析"玉兰花芬芳·学生成长卡"评价方式

陈楚霞

【摘要】为孩子们创设什么样的成长环境，建立何种促进学生成长的机制是一所学校德育教育必须直面的重要课题。为了促进学生健康苗壮成长，创设出有利于学生成长的评价方式，我校推出了"玉兰花芬芳·学生成长卡"评价活动，力求构建一种新型有效的德育教育机制。

【关键词】学生成长　争花行动　评价方式

少年儿童身心发展具有一定的顺序性、阶段性、可变性、差异性和不均衡性，由于与生俱来的遗传因素和后天环境教化的影响，相同年龄阶段的少年儿童在脑力与体力、智力因素和非智力因素等方面都表现出不同的个性特征。作为一名教育工作者不仅要重视学生发展的共性特征，还应充分重视每位学生的个性差异，做到因材施教，有的放矢，发挥每个人的潜能和积极因素，弥补短处和不足，选择最有效的教育途径，使具有各种个性差异的学生都能健康快乐地成长。

以什么样的方式成长，未来要成长为什么样的人，是我们每一个人都要直面的问题。而为孩子们创设什么样的成长环境，建立何种促进学生成长的机制是一所学校必须面对的重要课题。围绕"成长"，我校以学校的校花——玉兰花，作为引领成长的符号式标志物，推出了奖励活动，创设出有利于学生成长的评价方式。

成长卡奖励活动从学生的心理年龄特点出发，把对学生的思想道德素质、科学文化素质和健康素质等方面的要求，具体外化为若干玉兰花种类，鼓励学生从日常生活及学习的具体环节入手，通过"定花""争花""颁花""养花""护花"，不断为自己确立新的目标，发现自己的潜能，看到自己的进步，证明自己的成功。

在争花行动中，我们鼓励学生积极参与，以学校具体条件和每个队员的实际水平为起点，倡导参与就是进步，提高就有奖励，充分调动各中队组织和全体队员参加争花行动。学生获得玉兰花的数量和种类多少将作为各类评选活动的重要依据。多角度、多层面的表彰激励，使学生在快乐的争花活动中，自觉养成良好的行为习惯。作为一名大队辅导员，在这项活动中，我有以下三点思考。

一、尊重和促进学生的个性发展

德育教育的目标是面向全体学生，让所有学生的个性、潜力得到最大程度的发展。尊重学生个性是很有必要的，要以学生主动发展为本，充分尊重学生的个性发展，让学生充分认识个体价值，树立自信心，让每一位学生都能在原有的基础上得到发展。学生得到了尊重，会感到轻松、融洽、愉快、自由、坦然，没有任何形式的压抑和强制，才能自由自主地思考、探究，提出理论的假设，无所顾虑地发表见解，果断、自主地决策和实践，才可能创新和超越。

个性是创新活动的生命，营造一个使个性得到自由发展的宽松氛围，乃是发展个性、开发创造力、提高素质必不可少的条件。没有个性谈不上创造性，只有学生的个性得到充分发展，学生的潜能得到充分的发挥，探索求知的欲望得以调动和满足，才可以发现新问题，才能孕育出真正的创新性。因此，我们要保护这些学生的创造性，就必须尊重他们的个性。对他们的个性多一份尊重，就会为社会塑造一个具有创造性的人才。只有他们的个性得到充分尊重和发展时，才能真正实现我们的教育目标。

在成长卡奖励活动中，辅导员老师对获花标准进行详细说明和指导，鼓励学生向自身挑战，密切关注进度和阶段性，循序渐进，注重个体差异。学生在校内外参与各项有意义的活动或比赛，都能得到相应的花种。这样既充分发挥了学生各个方面的潜能，又调动了学生参与课内外活动的积极性。

二、尊重学生的自主性

在"争花行动"中，学生是实施的主体，学校开展的一切工作和活动，

都充分考虑到学生的兴趣和需要，充分调动所有学生的积极性，获花标准一般通过努力都可以达到。活动不强调队员之间的相互竞争，提倡自己和自己竞争，不断地为自己设定新的目标。让学生在成长中不断地挑战自我，战胜自我，不断感受成功的喜悦。在突出共性培养的同时，注重鼓励个性发展；在强调全面发展的同时，注重鼓励学生特长的发挥。

三、发现学生的闪光点

苏联著名教育家马卡连科曾经说过这样一句话："用放大镜看学生的优点，用缩小镜看学生的缺点。"作为一名教育工作者，不能仅仅以学习成绩去评价一位学生的好坏。每一位学生都有自己的优点，作为辅导员老师应该善于捕捉每一位学生身上的闪光点，虽然可能只是一个小小的闪光点，但很有可能通过这个小小的闪光点可以挖掘出埋藏在他心里的大金矿。

在学生成长卡奖励活动中，我们设置了很多花种，有品德花、身心花、技能花、实践花、艺术花、学习花、班务花、家政花、劳动花、竞赛花、公益花、队务花、安全花、环保花、礼仪花等，每个花种都与学生校内外的表现挂钩。在评选过程中，我们发现有的学生虽然学习成绩不优秀，但在大扫除或班级清洁工作中都非常积极，每学期得到很多"劳动花"，这体现了学生吃苦耐劳、热爱劳动、热爱生活的优秀品质。也有的学生在动手能力方面表现突出，心灵手巧，得到不少"技能花"……在争花活动中，我们发现不少课堂上没能及时发现的学生的优点，这一个个闪光点，正是学生成长中的宝藏。

争花活动渗透到学生学习生活的各个方面，对学生以后的发展和社会适应能力有了很大的促进作用。让每一位学生都很积极地投入到学习、生活中，让他们更加朝气蓬勃。班级中的"玉兰花栏"记录下了队员们争花过程中的点滴努力；成长卡记录下了队员们一学期的争花成绩，这让每一位学生都有了竞争意识，知道了只有竞争才能为自己赢得荣誉。

"玉兰花芬芳·学生成长卡"奖励活动是为了促进学生健康苗壮成长的一种手段，是为了构建一种新型有效的德育教育机制，在实施和探索过程中，我们依然在不断地思考和完善，不断变换或创设出新的促进学生成长的机制，我们始终以学生为本，以促进学生的全面成长为出发点。

玉兰花开香自溢

——小学生成长促进方式问题的探究

曾国光

【摘要】教育是培养人才的重要途径，一切教育的出发点都应以促进学生健康成长，开发学生智力思维，锻炼学生良好意志，塑造学生优秀品格为基础。我国对教学的重视不言而喻，在《国家中长期教育改革和发展规划纲要（2010—2020年）》中，着重强调了教育的目的是育人，将培育学生作为教育的首要目的。当下，随着生活水平的提高，人们更注重对教育品质的探索，本人作为"小学生成长促进方式研究"课题组成员，亦在积极思考关于促进小学生健康成长，激发小学生全面发展的教育思路。

【关键词】小学教育 德育教育 成长促进方式

我校课题组展开"小学生成长促进方式研究"的教育课题，以学校"定花""争花""养花""颁花""护花"的实践活动为具体方案，通过实践验证课题探究内容并取得突破性成果，为本校特色课程开设、学生成长评价方式创新以及优秀传统文化教育的扩展提供帮助。

一、小学生成长促进方式研究的重要性

随着教育发展的深度推进，我国对学校教育进行了政策性指导，《国家中长期教育改革和发展规划纲要（2010—2020年）》作为校园改革与发展的重要政策，明确指出了学校在发展改革期间需要提升德育教育水平，结合校园教育、家庭教育与学生自我成长教育建立起全方位的评价体系，旨在促进学生全面、健康、快乐成长。[1]小学作为性格、习惯、价值观初步形成阶段，受到的教育内容为何、教育品质如何，直接关系到小学生成长基础，也对其未来发展产生重要影响，因此在小学校园中关注小学生成长促进培养方式，

探究学生道德品质与心理健康等方面的措施是十分必要也是十分迫切的。由此可见，"小学生成长促进方式研究"课题的开展是具有重要意义的。

二、玉兰花成长评价活动介绍

"玉兰花芬芳·学生成长卡"评价方式是根据我校实际情况，在多项指导性政策的引导下逐渐构架起来的评价体系，是基于学生成长发展需要，并联合教师、家长及学生从三个方面共同完成成长评价活动，是脱离原本校园教育控制手段，尊重学生主体地位，并接受教师和家长引导方式的评价方式。[2]这一评价活动的开展，不仅将学生心扉打开，实现对学生身心健康、技能提升、文明礼仪等全方位的评价，还充分发展了多元化的德育教育方向，从个人能力发展、道德品质培养、思想观念塑造升华到爱祖国、爱集体、爱家庭的美好品格，由小及大，由慢及快，通过循序渐进的滋润让小学生逐渐了解玉兰花的内涵，品味学校"玉兰花芬芳·学生成长卡"评价活动的内涵。这样等到小学生成长，进入初等教育、高等教育之后自然在心中形成了自己的评价机制，继续保持美好的道德品质和学习习惯，养成良好的行为习惯，成长为对社会、对家庭有用的人才。

三、玉兰花成长评价活动实施的原则

玉兰花成长评价活动对象为学校所有少先队员，本次活动实施需遵守的原则包括以下五个方面。

（一）全面参与，鼓励进取

以我校具体条件和每个队员的实际水平为起点，倡导参与就是进步，提高就有奖励，充分调动各中队组织和全体队员参加争花行动。

（二）尊重学生的自主性

班主任要对训练项目及获花标准进行详细说明和指导，要鼓励学生向自身挑战。训练过程中要注意进度和阶段性，循序渐进，注重个体差异。

（三）发挥学生的主动性

学生是实施本细则的主体，为实施本细则开展的一切工作和活动，都应该充分考虑到学生的兴趣和需要，充分调动所有学生的积极性。

（四）训练项目和标准的非竞争性

所有学生都可以参加本方案所设定的训练项目，获花标准一般通过努力都可以达到。各中队组织要摒弃选拔意识，强化普及观念，不强调队员之间的相互竞争，提倡自己和自己竞争，不断地为自己设定新的目标。

（五）注重全面素质，鼓励发展特长

让学生在训练中不断地挑战自我，战胜自我，不断感受成功的喜悦。在突出共性培养的同时，注重鼓励个性发展；在强调全面发展的同时，注重鼓励学生特长的发挥。

四、小学生成长促进方式探究

（一）"定花"是美好开端

"定花"是"玉兰花芬芳·学生成长卡"评价活动的开端，主要由每个中队的辅导员和中队委向学生宣传玉兰花的内容和要求，力求每个学生都能够深刻了解每一朵玉兰花的内涵，用以明确个人争花的内容。当学生对玉兰花意义有所了解后，可以根据自己的行为能力以及期望去争花，这是学生成长评价活动的初始阶段，是未来学生在"玉兰花芬芳"评价活动过程中不可缺少的环节。学校少先队员与班级成员都可以作为参评人员，为大家提供意见，最后通过班级共评定期为有成就的学生颁发玉兰花，激励小学生愈加健康成长，身心舒畅[3]。

（二）"争花"是中心环节

"争花"是"玉兰花芬芳"评价活动的中心环节，这一过程中少先队员会结合自己选择的玉兰花品种，参照定花环节中制订的争花计划认认真真落实到实践。实践过程就是争花过程，每个学生在争花中必然会面临很多挑战和诱惑，这就需要教师和家长时刻鼓励学生，还需要大队辅导员和中队委定期召开动员会，为学生们打气助威，鼓励大家不断拓展争花范围，提高争花质量，使自己融入社会、校园和家庭的各个方面。例如，有学生选择的是身心花，这朵玉兰花的含义是心理、身体素质有所提高。这就要求该学生每天

制订身体锻炼计划，并且放松心情，不让自身心理产生紧张、烦躁等负面情绪，所以他制订的计划是每天早晨晨跑半个小时，阅读名著半个小时，并且详尽记录自己争花期间每天的身体变化和心理情感。争花，可看作学生提高技能、增长才干的阶段，是学生道德水平、思想素质提高的主要环节，不可忽视。

（三）"养花"是评价之重

"养花"是学生成长评价活动的另一个重要部分，要想培养学生良好的道德品质、思想观念、知识技能，不能只要求学生增强自主意识，更需要教师、家长的科学引导。因此学校少先队的辅导员、班委干部和家长都应当做好榜样作用，并且担起身上重任，配合学生共同养花，及时掌握小学生争花细节的各种情况，将其获花之后的情况及时公布，鼓励小学生更加积极地参与到"玉兰花芬芳"评价活动中。

（四）"颁花"是荣誉之歌

"颁花"是评价总结阶段，班主任收齐获花学生《学生成长卡》后填写学月获花学生名单及获花的种类，一并上交政教处，由政教处审批后在《学生成长卡》上盖章。让学生得到成功和荣誉的体验，并将进一步激励队员向更高的目标奋斗。学校为学生唱响荣誉之歌，为学生颁发荣誉之花，这种由自己努力获得成果的体验和实践是每个学生成长过程中的基石，每一朵获得的玉兰花，都象征了自己的一步步努力，一滴滴汗水，对塑造小学生坚强意志和顽强拼搏精神有着重要作用[4]。

（五）"护花"是长远之道

获得的一枚枚奖章代表自己的一个个进步，用它激励自己刻苦学习、努力实践，争取新的进步。同时，"护花"也是每位教师对学生的美好呵护，是每位家长对孩子成长的关心和爱惜，只有不断为学生铺垫正确的道路，才能促进学生朝着光明、宽阔的人生道路前行。

总之，作为一所坚持发展学生个性，注重学生综合教育的学校，我校秉持"教育有灵魂，办学有特色"的思想观念，在教育体系中全方位围绕学生成长需求设立教育机制，整合教育资源，为学生科学知识的学习和自身人格心理的健康成长奠定基础。通过"玉兰花芬芳·学生成长卡"评价活动也证实了学生经过"定花""争花""养花""颁花""护花"系列环节后，对个人成长有了进一步的认识，并且养成了良好的行为习惯，学习和掌握了更多知识技能，拥有更加开放和创造性的思维意识，为未来成长奠定坚实的基础。

参考文献

[1] 杨敏. 民办学校小学生德育教育研究［D］. 成都：西南财经大学，2013.

[2] 赵静. 父母教养方式对天津小学生积极心理品质的影响［D］. 天津：天津师范大学，2013.

[3] 李印龙. 济宁市微山湖湖区小学生生长发育及健康行为现况研究［D］. 济南：山东大学，2012.

[4] 高洁. 西安市高年级小学生心理健康与父母、教师心理健康的相关研究［D］. 西安：陕西师范大学，2007.

"玉兰花"芬芳，巧用促成长

欧阳艳容

【摘要】怎样使一年级的学生尽快适应小学阶段的学习和生活，作为一名班主任，要用自己满腔的爱去关心、尊重每一位学生，耐心细致地去指导每个学生，才能体现出班主任的责任心，学生才能养成良好的学习和行为习惯，受到良好的教育。

【关键词】小学一年级学生　拉近距离　常抓习惯　及时表扬

作为班主任，要用自己满腔的爱去关心、尊重每一位学生，耐心细致地去指导每个学生，才能体现出班主任的责任心，学生才能养成良好的学习习惯，受到良好的教育。小学一年级是基础教育中的基础。"万事开头难"，这话对于小学一年级的师生来说尤为适用。因为一年级新生的入学管理，是历届班主任老师的头等难题。由于一年级新生刚从幼儿园毕业，什么规矩都不懂，再加上学生在幼儿园以游戏、玩耍为主突然转变为以繁重的学习为主，可以说一切从零开始，这不仅需要学生自己转变角色，还要有极大的适应能力，更给老师的管理增加了难度。而一年级又是基础教育的起始阶段，更是培养良好行为习惯的关键时期，俗话说"好的开始等于成功的一半"，这就更需要我们一年级老师特别是班主任的正确引导、培养和科学的管理。怎样才能使学生"亲其师，信其道"呢？可以从以下三个方面着手。

一、注意抓住良机拉近师生之间的距离

教师的一举一动、一言一行都直接对学生起着潜移默化的作用。尤其是班主任，他的世界观、品德、行为、对每件事情的态度，都或多或少地影响着全体学生。一年级的学生对学校、老师、同学都感到很陌生，对一切都充

满新鲜感，对学校、老师也很好奇，他们第一个想知道的就是自己的班主任是谁，她（他）是一个怎样的老师，并且会留心观察班主任的每一个动作、眼神、表情，会细心倾听班主任的每一句话。因此，师生第一天见面，不必急于宣布规章制度，而是微笑地向学生进行自我介绍，然后通过谈话来架起师生之间沟通的桥梁，我会对学生说："亲爱的小朋友们，你们现在已经是小学生啦！高兴吗？从今天起，我们将一起生活在这个大家庭里，我是你们的班主任，欧阳老师很荣幸能认识大家，希望我们大家都能成为好朋友，从今天开始我们要在这个大家庭里一起认字、唱歌、画画、做游戏……今后你们如果遇到困难就跟我说，我一定会尽力帮助你们。"这种友善、轻松的开场白可以引起学生的情感共鸣，消除小朋友们紧张的心理和陌生感。

二、常规习惯，常抓不懈

要想让学生养成良好的行为习惯，首先要制定班规，因此我以学校开展的"玉兰花芬芳·学生成长卡"评价活动为契机进行班级常规管理。因为是低年级，班规并不能由学生讨论产生，而是由老师统一制定。我制定出详细的班规，要求学生对照执行，使学生做到有规可循，有章可依，并分项由专人负责，做好记录，及时公布情况。由于低年级学生自觉性和自控力都比较差，避免不了会出现这样或那样的错误，因此这就需要班主任做耐心细致的思想工作，不能操之过急。于是，我经常利用班会、晨会、课前、课后等一切可以利用的时间对学生中出现的问题进行晓之以理、动之以情、导之以行的及时教育，给他们讲明道理及危害性，从而使学生做到自觉遵守纪律。一般情况下，我一个星期只提一个行为规范方面的要求。如果这个星期做得不好，下个星期继续做，直到做好为止。比如，第一周我对学生们在行为规范方面的要求是以儿歌的形式带动的，为了提醒学生课前要做哪些准备，可以告诉学生："上课铃声嘀铃响，小朋友们进教室，文具课本放整齐，静候老师把课上。"一周下来，学生听到预备铃声响进课堂的习惯基本养成。当然，良好的行为习惯不是背一下儿歌就能解决的，所以，要在背儿歌的基础上，慢慢养成习惯。开学第二周，我对学生们提出的要求仍旧是课前准备，并且针对第一周表现好的同学给予"纪律花"的奖励，并向其他同学提出要求，

让他们向这些表现好的同学看齐。在班级管理的过程中，不断地会有问题产生，于是，作为班主任的我们，就要像医生一样对症下药。在接下来的第三到第十周，我根据班级的实际，依次提出上课期间，以及课间活动、文明礼仪、排队集会等要求。这里，最值得一提的是"静"。学生生性活泼好动，课堂纪律是管好整个班级的至关重要的一个工作。而学会倾听则更是学会学习的首要条件。所以，有几周，我们班行为养成方面的要求就是一个字——"静"。要求学生能静静听老师讲课，听同学的发言。这个要求学生们不容易做到，所以就持续了几个星期。

要想让学生养成好的习惯只靠老师的提醒、教育也是不够的，我认为要建立一个与其学习、习惯等挂钩的评价制度。一颗红红的五角星或是一张笑脸在一年级学生的眼里可是极具诱惑力的礼物。针对学生的年龄特点，我给每一位学生准备一本奖励本，根据日常、课堂、作业等的表现，奖励笑脸，得到 10 个笑脸就换 1 颗豆子，得到 5 颗豆子就可以得到老师的礼物。总的来说，要让低年级学生自觉养成好习惯奖励措施可以发挥很大的作用。

三、及时表扬，延迟批评

教过低年级的老师都知道，学生虽小，但事儿多，一上课就"告状"。老师需要公平处理，否则学生因为受了批评，注意力长时间集中在自己的过失上，情绪容易受影响，低落的情绪体验会使智力活动水平明显下降，知识吸收效率变低。针对这一情况，我的处理办法是：①要求学生下课"告状"，课上带着好的情绪听课。这样，课前的小矛盾、小问题没有谁会记到 40 分钟以后，"告状"的概率就低了，课堂的利用率提高了。②延迟批评，既培养学生愉快的情绪体验，又给予其改正的机会。我把批评留在每一天快要放学的时候，这时学生往往已经在负疚的情绪中反思了自己的行为，老师只要加以指导，就能很好解决问题。

说到表扬，就要及时、准确。因为"好孩子是夸出来的"。例如，学生早上值日时，当我看到一个表现特别好的学生，就会当众说："某某某同学真能干。"还摸摸头、拍拍背，用肢体语言鼓励学生。如果看到哪个同学主动做好事，并且讲究方法，则更要表扬："瞧，某某同学的观察力多敏锐呀！

老师刚把小黑板放在地上，他就看出来需要擦。瞧，擦得多干净，大家都要向他学习呀！"这样表扬后，班里课间擦黑板、倒垃圾等活大家都抢着干，谁也不袖手旁观，都积极主动地参与管理和为班级服务。结果，班里越来越整洁，孩子们也越来越懂事理。

　　小学班主任是一项很繁杂的工作，每个班主任都有过酸甜苦辣，特别是小学低年级的班主任，要带好一班孩子，教育好一班人，确实不容易。但小学低年级又是学生刚跨入校门，接受人生观、世界观的起始阶段，因而，小学低年级班主任的工作是十分重要而光荣的。

改变评价方式，促进学生全面发展

陈　敏

【摘要】"玉兰花芬芳"评价活动的最大优点在于，它奖励的不仅是一个结果，而且是对整个教育过程的动态奖励，激励学生在评选过程中，不断为自己确立新的目标，看到自己的进步，发现自己的潜能，为每个学生搭建起一个发展的阶梯，改变了过去那种"只重结果，不重过程"的做法，构建了"既重结果，更重过程"的形成性德育评价模式。

【关键词】评价　模式　实施　成效

昌黎路小学适应时代发展潮流，积极探索适合学校实际情况、适合少先队员年龄与身心特点的评价方式，制定了"玉兰花芬芳"学生评价方式，引导教师、家长、学生正确、全面评价少先队员，激励和促进少先队员良好行为习惯的养成，从评价上寻找能促进少先队员成长的突破口和着力点。

"玉兰花芬芳"评价活动，在理论上汲取国内外教育评价理论的精华，为丰富、深化和完善新课程背景下的少先队评价理论提供了理论依据，使少先队评价活动更具规范性、科学性以及可操作性。在实践中，"玉兰花芬芳"评价活动将传统评价的理念、方式等，进行科学、合理地移植应用和提升，从而构建科学、高效的评价方式，从评价上寻找促进少先队员成长、发展的突破口。

《基础教育课程改革纲要》指出："评价不仅要关注学生的学业成绩，还要发现和发展学生各方面的潜能，了解学生发展中的需要，帮助学生认识自我、建立自信。"我校重视对少先队员的激励，运用各种方法，比如颁发小红花、红五星或者用本子、笔等学习用品进行奖励，这些奖励曾经在激励少先队员方面起了一定的作用，但是，由来已久的应试教育使人们形成了以分数为中心的评价观，导致了少先队员的片面发展、被动发展，只能给少数少先队员带来成功的体验。新课程倡导的"注重对少先队员学习成长过程的评价"需要一个合适的载体将理念变为现实,开展未成年人思想道德建设需要一种新的形式和方法来激励少先队员,让少先队员的各种潜能得到更全面、和谐的发展。我们在总结并吸取以往激励方法的基础上,推出了"玉兰花芬芳"激励性评价活动,将小小的"玉兰花"作为激励少先队员发展的新动力。

在发展未成年人思想道德建设工作中,我校认真贯彻落实《中共中央国务院关于进一步加强和改进未成年人思想道德建设的若干意见》,积极探索学校德育工作的新思路和新对策,坚持以人为本、以少先队员为中心,把未成年人放在教育过程中的主体地位,由教育过程中的被动接受者变为主动参与者。"玉兰花芬芳"评选是一种多元化的评价体系,是对学生个体差异的尊重,是为了通过评"花"活动,有效地引导学生们树立正确的争先意识,为每个学生营造出一个健康、合理、公平的成长环境。

根据多年的管理经验和来自学生、家长、老师们的调研意见,学校进一步细化和完善原有的评价工作,制定出昌黎路小学"玉兰花芬芳"学生评选方案,方案充分贯彻"大家不同、大家都好"的评价理念,丰富和细化了原来德、智、体"三好"标准,提出了具体玉兰花名称及标准,力求尊重学生的个性特点,挖掘学生的发展潜能,体现评价的激励功能。

"玉兰花芬芳"激励性活动经过几年的实施,收到令人惊喜的成效,具体表现在以下三个方面。

一、"玉兰花"成为少先队员进步的催化剂

由于每一次进步都能得到一朵"玉兰花"作为奖励,每一个良好的表现都有可能获得"玉兰花",因此,少先队员已将"玉兰花"当作一个追求的目标,将获得"玉兰花"当作自己进步与否、先进与否的评价标准。这样,每一朵"玉兰花"就是对学生每一次成绩取得的肯定与表扬,学生在成功的喜悦推动下,会朝着正确的方向前进,努力去争取更好的成绩,更大的进步,以获得更多的"玉兰花"。例如,四(7)中队的小陈说:"以前当'三好学生',认为只要学习成绩好就一切都好。后来改为评花后,全班同学的积极性都被调动起来了,大家一起进步,评花形成了一个良性循环,有效地激发了少先队员的进步动力,'玉兰花'成了少先队员走向成功的催化剂。"

活动开展以来，学生在活动中发生了明显的变化，他们的情感更加丰富，思维更加活跃，学习也更加自觉上进。学生通过他律与自律相结合的方式促进了自身的发展。一朵小小的"玉兰花"竟能发挥如此强大的自我教育作用，使学生自觉进行道德提升、改过迁善、和谐发展。

二、活动成为教师教育管理的好帮手

教师的教育教学需要一定的激励手段。语言表达，只能暂时收到效果，持效性不佳。若用笔、本子等物质来奖励，又不太现实。再说现在很多学生往往也不太在乎这些东西。而一朵"玉兰花"却发挥了独特的作用，成为教师教育管理的好帮手，而且逐步形成了一种新型的民主平等的师生关系，为学生的健康成长创造了有利条件。这样，每位学生心中有了明确的努力目标，逐渐由他律走向自律，教育教学管理也就能事半功倍了。教师鼓励学生与自己比，做最好的自己——学习成绩好是好孩子，音、体、美好是好孩子，乐于助人是好孩子，会帮妈妈洗衣服、做家务也是好孩子。随着这种"个个都是好孩子"评价理念的确立，人人都去寻找自己的"好"，并努力展示自身更好的"好"，这个努力成为"更好的自己"的全过程，也正是教育评价在他们身上发挥作用的过程。

三、活动成为中队管理的有力杠杆

"玉兰花芬芳"激励性评价活动让一些学习成绩不佳的学生在其他方面得到了老师和同学的认可，体验了成功的愉悦。同时，我们以文明礼仪教育为入口，创新中队评价方式，开展"星级中队"评价活动。从"学习""纪律""礼仪""卫生""安全"各个方面，通过量化考核的形式，将养成教育借助争创"星级中队"活动开展起来。

"玉兰花芬芳"评价活动的最大优点在于，它奖励的不仅是一个结果，而且是对整个教育过程的动态奖励，激励学生在评选过程中，不断为自己确立新的目标，看到自己的进步，发现自己的潜能，为每个学生搭建起一个发展的阶梯，改变了过去那种"只重结果，不重过程"的做法，构建了"既重结果，更重过程"的形成性德育评价模式。

激励教育与学生自信心的培养

——以"玉兰花芬芳·学生成长卡"促进方式为例

张巧芳

【摘要】自信,是一个人对自己的一种肯定态度。自信心的建立不是一朝一夕的事情,需要我们坚持不懈地努力。每一位小学生都是一张白纸,你给它描绘上什么颜色,它就会为您展现什么样的美丽,所以培养学生自信心更应该讲究合理、恰当的方法。因此,以"玉兰花芬芳·学生成长卡"评价机制为例的鼓励评价方式是一种更为科学有效的激励方式。

【关键词】评价机制　小学生　自信

自信心,是一个人对自己的一种肯定态度,通常表现为个人对自己力量的确信,深信自己一定能实现所追求的目标,它是一种强大的内部动力,能激励人在对事物和现状具有一定认识的基础上,坚持不懈地运用自己的智慧完成任务,追求既定目标,实现自己的理想。信心的力量是惊人的,拿破仑曾说:"有方向感的信心,可令我们的每一个意念都充满力量。当你有强大的自信心去推动你的成功的车轮,你就可平步青云,无止境地攀上成功之岭。"他认为:"信心是'不可能'这一毒药的解药。"在我们的生活当中,自信心起到尤为重要的作用。一个人有了坚定的自信心,就会产生一种巨大的精神力量,就能激发他的热情,鼓舞他去克服实现目标过程中的种种困难,鼓舞他坚定地为之去奋斗,可以说自信心是取得成功的重要保证。作为老师,在教授学生知识的同时,还要注意充分尊重学生、信任学生、鼓励学生,帮助学生树立起自信心,培养学生奋发进取、积极向上、坚韧不拔的品质。

在平时的学校德育工作中,恰当的评价往往能对学生的发展起到至关重要的作用。为了促使全体学生积极、主动地参与到教育评价活动中来,我校全面启动了"玉兰花芬芳·学生成长卡"的评价机制。比起传统的"奖励红花""三好学生"的评价方式,本评价机制以我校校花——玉兰花为主

题，彰显了校园文化特色，且充分考虑小学生心理年龄特点，形式多样，对学生德、智、体、美、劳等方面的成长有很好的激励作用。我们以每周为评比时间，以班级为单位，为各方面获得进步的学生颁印相应类型的玉兰花，一个学期统计下来，玉兰花数量多、种类丰富的学生获得相应的奖励。其中，玉兰花的类型多样，如"学习花"是鼓励学生在学业方面取得的点滴进步；"品德花"是鼓励学生在思想品德方面的点滴成长；"技能花"则是肯定学生在竞赛、特长方面取得的成绩……朵朵玉兰花记录着每一位学生阶段的成长经历和点滴进步的轨迹。它很好地促进学生自信心的培养，激励学生崇善博爱、勤奋刻苦、积极向上、阳光成长。

一、全面参与，鼓励进取

"玉兰花芬芳·学生成长卡"评价机制，倡导参与就是进步，提高就有奖励，它充分调动全体学生的积极性和主动性，既肯定了表现优异的学生取得的成绩，也不放过每一位普通同学进步的闪光点。它在鼓励后进生方面效果尤为明显。例如，我班的一位学生与姥姥姥爷住在一起，平时父母很忙，很少督促检查他的作业，彼此之间沟通交流也很少。该学生的主要问题包括：一开始经常不交作业或不按时交作业，有时甚至不做作业，谎称作业落在家里忘带了；课堂作业经常不能按时完成；他的课桌和书包常是杂乱无章的，甚至连书本都不够整洁。老师给监护人反馈情况之后，该生常对老人撒谎，称"作业已经完成并上交"，瞒不过了，就谎称"把作业丢了"……因此，全班很多同学都把他列入"差生"的行列，而他自己似乎也对这种看法习以为常。

为此，我经常与他聊天，做他的思想工作，也利用课余时间帮他补课。我敏锐地捕捉到他在学习上的点滴进步，在每周一次的"评花"活动中，奖励了他一朵"学习花"，他喜出望外，那天听课的状态特别好。自那以后，只要他有些许进步，我都会肯定他，鼓励他。他也慢慢建立了自信，在班里的形象也渐渐好了起来。在学习上取得了进步，生活中的他也不再邋遢，还经常能帮姥姥姥爷做家务，主动与老人聊天，多次获得"礼仪花""劳动花""班务花"的奖励。

二、强调教育过程，注重意识培养

萧伯纳有句名言：“有自信心的人，可以化渺小为伟大，化平庸为神奇。”一个人自信心的建立不是天生的，更不会随心而得。一个人的自信心与他的成功概率成正比。自信心越强，越能够不畏失败，不怕挫折，不懈进取。自信心越大，越能够产生强大的精神动力和进取激情，排除一切障碍去实施自己的目标。例如，我们班的小唐同学是一位自信心很强的学生，也是德、智、体、美、劳全面发展的优秀学生。她做事专注，对人对事客观公正，目标明确，主次分明；完成任务时心无旁骛，全力以赴。她乐观，相信自己，想方设法创造条件；面对困难与失败不轻言放弃……在学校里，她是老师的得力助手，同学们的好伙伴。她是“玉兰花芬芳·学生成长卡”评价活动中的“特等奖”获得者。她是班里的班长，对工作特别认真，每天早上收作业、检查作业都做得非常好，对于同学作业不认真或缺漏作业的行为，都能及时督促同学保质保量完成。因为对待工作雷厉风行，同学们都很敬畏她。但是她没有班干部的架子，对待同学，以礼相待，主动帮助他人。老师不在时，她能处理班级大小事务，公平对待每位同学，能热心帮助学习有困难的同学，主动帮他们补课。除了关心同学爱护集体外，她更是班级的学习带头人。在课堂上认真听讲，积极发言，课后及时复习巩固并提前预习下一课。正是有了这些良好的学习习惯和品行，她每次考试都名列前茅。在她良好学习态度的熏陶和带动下，全班同学形成了良好的学风。她就是这样一名既有爱心、责任心和恒心，又多才多艺的优秀学生。

看来自信与成绩密切相关，有自信才能有成绩，有成绩就会有自信。但成绩并不仅仅指较大的成绩，今天比昨天做的好一点也是成绩，因为我们进步了。只要进步了都是我们成长的足迹，朵朵“玉兰花”记录着我们克服惰性、抵制诱惑、战胜自己的成绩。经常体会点滴的进步与成绩，就是不断为自己喝彩，为自己鼓劲，从而对自己充满信心。

三、注重全面素质，鼓励发展特长

“玉兰花芬芳·学生成长卡”评价机制，在突出共性培养的同时，注重

鼓励个性发展；在强调全面发展的同时，注重鼓励队员特长的发挥。例如，我班的另一位学生小吴同学。在他很小的时候父母就离异了，他归父亲抚养，但因其父亲工作忙，他在爷爷奶奶身边生活。爷爷奶奶对他很是溺爱，从小他就没有养成良好的习惯。虽然已经六年级了，可是学习习惯不是很好，字迹潦草，书面不整洁，课上注意力分散，因此学习成绩总是在及格边缘徘徊。但他性格活泼开朗，在班上很有人缘。又因上课太活跃，爱插话，按他自己的话来说就是有些"话痨"，常常影响到课堂秩序。对此，针对他活泼能干的性格特点，又是体育健将，便推荐他代表我校去参加短跑比赛的培训。在市运会短跑比赛的培训过程中，他刻苦训练，磨炼意志，不但将好动的性格磨炼得渐渐沉稳，还获得个人第二名的好名次，为自己、为班级、为学校争得了荣誉。这样，他在班上也有了一定的威信，在"玉兰花"评选时，同学们纷纷投票，最终获得了一枚"竞赛花"。自从他获得"竞赛花"后，他的热情高涨，工作认真负责，干劲十足，我也趁机经常找他聊天，肯定他，鼓励他，使其对学习、生活充满热情。

"玉兰花芬芳·学生成长卡"评价机制从学生的心理年龄特点出发，把对学生的思想道德素质、科学文化素质和健康素质等方面的要求，具体外化为若干玉兰花，鼓励学生从日常生活及学习的具体环节入手，通过定花、争花、养花、颁花、护花，不断为自己确立新的目标，发现自己的潜能，看到自己的进步，证明自己的成功。同时，活动以提高学生的全面素质为目标，让学生通过积极主动参与争花行动，独立自主地开展生动活泼、丰富多彩的争花活动，学会生存，自强自立；学会服务，乐于助人；学会创造，追求真知。

漫长的育人之路，我们要慢慢地走。自信心的建立不是一朝一夕的事情，需要我们坚持不懈地努力。每一位小学生都是一张白纸，你给它描绘上什么颜色，它就会为您展现什么样的美丽，所以培养学生自信更应该讲究合理、恰当的方法。以"玉兰花芬芳·学生成长卡"评价机制为例的鼓励评价方式是一种更为科学有效的激励方式，相信在我们的共同努力下，一定可以收获育人的另一个春天！

善用评价，为学生成长导航

吴晓洁

【摘要】为了学生的健康成长，作为班主任应利用好"评价"这个工具，应坚持全面、实事求是，尊重个体差异，有利于学生身心健康发展的原则，以学生为中心，适度从严，客观公正地对每一位学生做出评价，正确地为学生成长导航。

【关键词】评价　促进　激励　健康成长　"玉兰花"评比

评价是对客观事物的状态与价值的判断。班主任对学生的评价无时无处不有：考试分数、作业批语、各种活动的小结、学期末的评语等等。在新时期教育理念下，我们对学生的评价，不再仅仅是以掌握知识多少和考试分数高低来衡量学生的优劣，而是对学生综合学习能力、道德品质、交流与合作、个性与情感的评价。

因此，如何利用好"评价"这个工具，营造积极向上的评价氛围，通过多项分层、多元互动的评价，促进学生个性发展，促进全体学生养成健全的人格，掌握各项技能，进而拓宽后进生转化途径，使对后进生的转化更人性化、更切实有效，这是一个值得所有班主任老师思考的问题。

传统的评价方式功利性太强，比如在"三好"中最偏重的是成绩、守纪和听话，这是不利于促进学生身心健康全面发展的。社会是个大舞台，培养的学生不仅是政治家、科学家，更需要各行各业的能手，只要他具备造福社会的能力，具有健全的人格不也是一种成功吗？所以对学生的评价应坚持以下原则。

一、评价要全面，实事求是，讲究方法

对学生进行评价首先要知道学生的真实心理状况，对学生的认知水平一

定要明确。了解学生不能只从老师的角度，依靠学生、家长可能更有效。因此，利用各种途径更好地了解学生，是老师全面评价学生的前提。同时，班主任评价学生要以事实为依据，不能以自己对学生的主观态度进行评价，无论对待优秀学生还是后进生，都不能带偏见，不要用老眼光看学生，应该用真诚的爱心在学生身上寻找闪光点，用发展的眼光对学生进行评价。另外评价语要最大限度地考虑准确性，达到激励的目的。例如，有位学生下课后高兴地对我说："老师，我考了62分。"相对于班里成绩优秀的许多学生而言，这个成绩是很差的，有什么值得高兴的呢？因为这位学生经常考试不及格，这次他经过一段时间的努力取得了进步，趁着他的高兴劲儿，我会对他说："老师也为你高兴，这是你努力的结果，说明你也是很棒的，只要你继续努力，下次还能考得更好。"自此这个学生的学习情绪和成绩一直处于良好的状态。

在平常的教育教学中，教师还要善于拓宽评价的内容，既要关注学生学习的结果，更要关注他们在学习过程中的变化和发展；既要关注学生学习的水平，更要关注他们在学习活动中表现出来的情感、态度、价值观。如学生的自主学习能力、与他人合作交往能力、观察分析能力、语言表达能力、实践创新能力、行为表现、学习态度、课堂表现、课外作业、与他人交往态度、学习兴趣以及对自身未来的期望等，均可以成为评价的内容。从某种意义上来说，发生在师生每日交往中的全面化评价及其评价信息的传递对学生的影响，其实远远大于次数有限的考试及其分数。因此，我们必须坚持评价内容的全面化，不仅要关注学生的学业成绩，而且要从思想道德、身体心理、审美艺术、劳动技能、创新能力等方面，全面科学地评价学生的各项素质，促进、激励学生素质的发展。

有了以上正确观念后，班主任对学生的评价还要选择正确的评价方法。那么我们要以怎样的形式，选择怎样科学的方法来评价学生，才能全面客观并有利于学生发展？笔者认为采用民主加集中的方式比较合适。由家长、学生、老师各自对学生进行评价，最后通过学生自己评定、小组评定、教师评定、家长评定综合得出最后结果，比较全面和准确。当然具体操作不必这样费时又费力，大可充分利用网络等现代通信工具，如微信群、电子短信、电话等，随时随地与家长、学生交换意见，掌握全面准确评价学生的充足资料。我们学校开展的"玉兰花芬芳"评比活动，就是这一评价原则的集中体现。我们的评价需要一个载体，需要一个系统，班主任操作起来切实可行，否则，民主集中就是一句空话。

这一评价方式，已经形成了一个比较完善的系统。我们有十几种"玉兰花"，涵盖学生品德、学习、劳动、技能等各方面的表现，非常全面。每周评比一次，每人每周只能得一朵玉兰花。每周每班名额只限十个。还有一部分是校级奖励，奖给在学校各项活动或比赛中有突出表现的同学。每周在班里"玉兰花芬芳"展示栏中进行公布。期末进行总结统计，学生一学期的表现如何，一目了然。至于奖励，是物质上的一点点鼓励，更是精神上极大的肯定。

每周的评比，我都坚持上文所提到的全面、实事求是的原则，通过各种途径了解学生一周来的表现。除了校级奖励，评比基本采用不记名投票的方式。同时，我们强调，表现有进步的学生都可以获得奖励。上学期，班里最特殊的一个学生，他平时不讲卫生，不爱学习，上课时经常趴在桌上睡觉或做别的事，下了课就去作弄同学。对此，我用"玉兰花"评比来鼓励他，也约束他，并且时常提醒他注意卫生。有一次他惹怒了几个同学，几个同学合起来要打他，被我发现并及时制止。了解了事情的来龙去脉后，我先批评了他，让他向那几位同学道歉后，我再教育这几位同学，并教育全班同学要关心他，不要歧视他，他做错什么事，及时跟老师说，不能以多欺少。他觉得这事处理得很公平。至此之后，他的行为有了一些变化，衣着干净了一些，能够按要求佩戴好各项标志，看到他的进步，我就问班里的同学，能不能奖励他一朵"品德花"，大家全票通过。这个学生的例子说明，我们的评价系统是科学有效的，是对学生的成长有明显促进作用的。

二、评价要以学生为中心，因人施评，注重语言艺术

人是宇宙中万物的灵长，宇宙的精灵，最具个性化的动物，个体的发展具有独特性和不均衡性，作为教师应该通过给予每个学生积极的评价，帮助学生正确认识自己，帮助他们悦纳自己，拥有信心。老师一句不经意的评价可能伤害学生终生，也可能使学生受益终生。因此评价学生一定要考虑学生的因素，注意对学生可能产生的影响，对学生的发展有无好处。所以评价应

该以学生为中心。要以学生为中心就要求老师放下师道尊严的架子，杜绝成见，客观公正，还要与时俱进，注重语言艺术。

过去我们在评价学生时大多会分成三种：好学生各方面均优，无一缺憾；中等生什么都表现一般，都需要努力；差生什么都差，一无是处。随着时间的推移，学生所面临的社会环境、生活环境、自然环境都在不断发生变化，用几年甚至几十年前的话语去评价学生对学生是不公平的。所以老师评价学生一定不能模式化，不能贴标签，不能将学生分为三六九等，不能先入为主。应根据所得到的多种信息全面分析，激励其往好的方面发展，提出的希望也要符学生的认知水平。比如有位学生，在其他人看来他一无是处：无心向学，上网吧，打架闹事，上课要么捣乱，要么就呼呼大睡，这样令人"头疼"的学生，同学敬而远之，家长拿他没办法，许多老师也逐渐疏远了他。然而，教了他一学期后，我发现他其实有不少优点，画画方面挺有天赋，打架闹事其实很多次是弟弟惹事后他去帮弟弟出头。该怎样评价他？是要雪上加霜还是……我在评语中写道："你是我班最有画画天赋的一个；你弟弟有你这样一个处处为他着想的好哥哥是他的幸运；你其实很有正义感，从不撒谎，敢做敢当。这些都是你的长处，好好发扬，如果你能把功课学好，把你画画的天赋发挥出来为班集体服务，你一定是最棒的。"他在期末看到评语后哭了，他第二学期的进步，令所有人惊喜！即使后来有一次被人冤枉偷窃，他没有跟以前一样闹事报复，而是冷静地和学校解释，为了证明自己的清白他还帮学校找出了"真凶"。后来我问他："为什么这次能这么冷静理智？"他说："我平时那么坏，您却把我说得那么好，我很惭愧，如果我还不改好，那就太对不起您了。"可见评价不是简单的批评或表扬，而是一门艺术。教师如果把评价作为一门艺术去处理，多从正面教育，对学生不仅有矫正的作用，而且有激励的作用，能使每一位学生都拥有自尊心、自信心，都享受到成功的快乐，使每个学生都在原有的基础上有所提高。往往这样的教师才会赢得学生的认可，学生也常常会尊重、信服于这样的教师，因为在这样的教师身上学到的不仅是知识，还有人性的关怀和与人沟通的艺术。

三、评价要适度从严，客观公正

教师评价学生虽要以鼓励和正面引导为主，但也不能无限制地褒扬学生，不能有意掩饰学生的过错，不能只报喜不报忧。学生正处于一个允许犯错，也一定会犯错的年龄，过分地褒扬同样不利于学生的身心健康发展，对所谓的优秀学生尤其如此。过分的褒扬带给他们的是恃才傲物。

目前，还有"教师不能批评学生"的观点，这也是很危险的。学生在成长过程中如果只听到褒扬声，不利于其身心成长。学生犯了错，应该受到必要的批评，才能让学生明白、记住。不是不要批评，关键是怎样批评，怎样使学生吸取教训。毛泽东在党的整风运动中多次提到"团结—批评—团结"的重要性，对中国革命和建设做出了巨大贡献，下一代的教育也应该本着这一精神。学生做错了并不可怕，可怕的是做错不知道错，知道错却不改错，把犯下的错误当成"功劳"，看成"光荣"。所以在评价学生时一定要适度，文过饰非，只讲好不说差，同样是片面的。当然，辱骂、体罚、变相体罚学生肯定不行。这样做肯定达不到教育的真正效果，肯定不利于学生的健康成长。我们的"玉兰花"评价系统，很好地避免了这些问题，评比不是由班主任老师一个人说了算，还要结合科任老师、家长和全班同学的意见，比如学校主推的"礼仪花"，在评比时，采用提名和全班不记名投票的方式，某位同学是否做到言行举止有礼貌、懂礼仪，其实学生往往比老师接触得更多，更有发言权。上学期班里有一位同学各方面表现都不错，在很多项目上获得了"玉兰花"，但唯独没有"礼仪花"，本来他可以获得一等奖，但由于没有"礼仪花"就被刷下来了。这位学生也无话可说，深知自己在语言文明这方面做得不好，以后要改正，才能实至名归。这充分体现了我们的评价既是公正客观的，又能适度从严。现在我们评"三好学生"，不再需要多作说明，一看"玉兰花"就能确定下来，相对以前传统的"三好学生"评比，这一系统更加客观公正，因为争得"玉兰花"既是一个硬指标，又是软实力的体现。

对学生的评价，如果从上述几个方面着手，那么我们就能利用好"评价"这个工具为学生的健康成长导航，引领每位学生养成健全的人格，掌握各项技能，真正落实素质教育。

玉兰花开，伴我成长

郑淑珠

【摘要】新课程实施过程中，倡导采用多样性的、开放式的评价方法对学生进行全方位的评价，达到了解其优点、潜在的不足和发展需要的目的。由于传统的评价方式存在着诸多弊端，我校结合学生的成长规律及校园文化构建的"玉兰花芬芳"评价方式，真正实现了多元化评价，对学生的成长起到了积极的促进作用。

【关键词】玉兰花 评价方式 促进成长

一、传统评价方式的不足

一次考试未必能全面、真实地反映学生的学习水平；一个分数无法真正衡量教育教学的成功与失败。长期以来，纸笔考试一直是检验中小学生学习状况的唯一形式，传统的评价主体是教师，而评价又以量化为特征，即人们常说的"一考定天下"，这种传统的评价方式存在着诸多弊端：一是评价导向的偏误，导致评价要素的单一、片面。传统的评价方式重课堂知识，轻实践能力；重智力发展，忽视综合素质；重视分数，不求创新等倾向依然严重。二是评价主体单一，导致学生主体性的缺失。传统的评价方式一般由教师评价学生，不是多方面、多角度地评价学生。评价的结果以偏概全，抹杀了学生的个性，也限制了学生的全面发展。三是评价的物化形式的呆板机械，导致学生与评价本能地拉开了距离。

二、构建"玉兰花芬芳"评价方式的必要性

传统评价的实际效果不得不令人反思。为什么一年级就有学生自认为是"差生"？为什么许多在低年级思维活跃、大胆举手的孩子到了高年级反而丧

失了主动表现的兴趣和勇气？为什么学生的课外兴趣或爱好常常被置于评价之外？为什么会有那么多学生在我们的评价之下抬不起头……评价是筛子，把学生分为三六九等；评价是剪刀，把学生修剪成"理想"中的盆景。

新课程改革纲要明确提出对于学生评价体系的要求，即"可以促进学生全面发展。既要关注学生的学业成绩，又要发现和发展学生多方面的潜能，了解学生发展中的要求，帮助学生认识自我，建立自信。发挥评价的教育功能，促进学生在原有水平上的发展"。

纵观当今教育形势，新课程实施过程中，倡导采用多样性的、开放式的评价方法对学生进行全方位的评价，达到了解其优点、潜在的不足和发展需要的目的。评价不仅要充分考虑学生的特殊需要，还应考虑不同学生的不同认知行为，评价学生的行为应建立在多元化评价的基础上，评价策略的关注点由原来的单一测验转向多样化评价学生的成长。依据上述要求，我校建构的"玉兰花芬芳"评价方式，真正实现了多元化评价，对学生的成长起到了积极的促进作用。玉兰花是我校的校花，"玉兰花芬芳"评价方式考虑小学生的年龄特点，彰显校园文化特色，朵朵玉兰花将记录每一位学生小学阶段的成长经历和点滴进步。

三、"玉兰花芬芳"评价方式的优点

"玉兰花芬芳"评价方式是孩子成长、进步的交流平台，实现了学校和家庭的教育合力。"玉兰花芬芳"活动的评价内容主要包括学生的品格、学习习惯、综合能力等方面。它摒弃了"唯分数论"，关注的是学生的各个方面，要求能真实、客观、全面地反映学生的成长情况。"玉兰花芬芳"评价的宗旨是：只要你努力，你的进步就会让成长卡上的玉兰花儿朵朵开。它关注学生成长与发展的每一步。

相对于传统的评价方式，"玉兰花芬芳"评价方式有以下优点：

一是"玉兰花芬芳"评价内容主要包括学生的品格、学习习惯、课外兴趣等方面，有助于学生多方面能力的培养。记录学生成长的玉兰花有学习花、劳动花、安全花、礼仪花、品德花、技能花等不同种类，学生在不同方面获得进步或取得成绩均可获得相应类型的玉兰花，并记录于"玉兰花芬

芳·学生成长卡"中。学校定期为各方面获得进步或取得成绩的学生颁印相应类型的玉兰花。学生在校外各项活动中有突出表现或取得成绩时，同样可以凭证书或相关资料向学校申请颁印相应的花种。

"玉兰花芬芳"评价不同于以往的学生评价，它把学生的各个方面都纳入评价范畴，品质、学习、情感都在其中，这样的评价能造就一个有血有肉、敢于担当的学生。在这种评价方式下，学生的成绩不再是一个个、一组组扭曲僵硬的数字，他的每个方面都会被关注到。它是在没有压力和时间限制的情况下，学生利用自身资源和优势，展示其能力。另外它又真实地记录了学生的学习过程，让我们可以全面深入地通过前后比较看到学生的成长轨迹。

二是"玉兰花芬芳"评价方式可以促进学生反思，使学生逐步成为自主学习者。

新课程标准指出"实施评价，应注意教师的评价、学生的自我评价与学生间互相评价相结合"。"玉兰花芬芳"评价方式不再是单一的教师评价，而是在自评的基础上，鼓励学生进行相互评价。教师只是作为一个引导者，对评价者作出正确的引导，对不足之处提出改进的方向。

在教育过程中，教师要善于在学生之间找榜样，时时表扬，给予好的评价、肯定。在每周一次的主题班会上，引导学生发现每个伙伴的优点和进步，并做出评议，例如，有礼貌、讲卫生、学习上有进步……同时，也会对受表扬的同学提出新的要求。在这种环境中，大家都愿意积极展现自己的优点，主动改正自己的不足，自然而然地学生也能养成良好的习惯。

通过运用"玉兰花芬芳"评价方式可以有效地提高学生学习的积极性和主动性。在这个实施过程中，学生也看到了自己的进步，从而树立信心，体会成长带来的快乐，更加热爱学习，形成良性循环。这种评价方式使得学生必须选择和判断，并设定学习目标。在目标的指引下，学生可以在自己的实际水平之上进行学习，展示自己的成果，同时学生可以进行反思并做出改正。

三是"玉兰花芬芳"评价的奖励方式激励学生踊跃争花。

"玉兰花芬芳"评价以一个学期为一个时间段，平时点滴记录，学期结束前，学校将统计每一位学生获得的玉兰花种类和数量，并给予相应的物质、精神奖励。种类和数量越多，奖品的价值越高、被授予的荣誉也会越高。

"玉兰花芬芳"评比活动以班级为单位设"特等奖""一等奖""二等奖""三等奖"，每个等级学校给予不同的奖励。根据不同年级学生的特点给予不同的奖品，有书籍、文具用品……对每一学期获得特等奖的学生，奖励由学校特别组织的课外实践活动，大大提高学生争花的积极性。同时，这也有利于建立教师与家长的联系，共同引导学生健康成长。

四、"玉兰花芬芳"评价方式的不足

在实施"玉兰花芬芳"评价过程中，我们也应该认识到，这种评价方式也存在一些问题：

一是评价方式执行时间久了，学生就不太重视了。为了激发学生参与的热情，还需要教师不断更新完善评价方法，只有这样才能保障"玉兰花芬芳"评价方式长期适用于小学生的教育评价。

二是对于一些自卑的学生，若不能及时进行引导，会使他们产生一种无所谓、破罐子破摔的心态，对于这类学生需与其加强沟通，从多方面进行引导，帮助其建立信心。在评价方面应予以倾斜，让后进学生看到希望，体会到成长的快乐，只有这样才能实现"玉兰花芬芳"评价方案实施的真正意义。

总之，对学生的评价不只是一种手段，更是一种教育理念、教育环境、教育文化的集中体现。教师应巧用各种评价方式，突出评价的发展功能，使评价切实促进小学生的发展。

让"玉兰花芬芳"香溢校园

李　洁

【摘要】为推进素质教育的实施，纠正"唯分数至上"的评价体系。我校通过实施"玉兰花芬芳"评价活动，以提高学生的全面素质为目标，让学生积极主动地参与"争花行动"，不断激发学生争先创优的内在潜能，提高学生的综合素质和自我管理水平，取得了明显的教育成效。

【关键词】评价活动　素质教育　潜能　自我管理

在新的教育形式下，如何推进素质教育的实施，进一步纠正"唯分数至上"的评价体系，成为摆在学校教育者面前的一个重大课题。近年来，潮州市昌黎路小学通过举办"玉兰花芬芳·学生成长卡"评价活动，让学生积极主动地参与各项"争花行动"，从而增强学生自强自立、乐于助人、追求真知的意识，实现了学生综合素质全面提高的教育目标。学生们在"玉兰花"荣誉的陪伴下，不断为自己确立新的目标，挖掘自身的潜能，发现自己的进步，努力实现自己的目标。

"玉兰花芬芳"评价活动是什么？它是我校各班级在每周一举行的班会课上对学生上周的综合表现进行评价的一项活动。主要是根据学生过去一周内，在学习、品德、礼仪、公益等方面的表现，对取得进步的学生颁应相应类型的"玉兰花"荣誉，从而激发学生争先创优的热情，把争先创优作为自身前进的动力之一。"玉兰花"荣誉类型有：学习花、纪律花、班务花、家政花、礼仪花、品德花、技能花、劳动花、艺术花、安全花、公益花、环保花、竞赛花、队务花等，激励学生健康全面发展。

通过"玉兰花芬芳"评价活动，提高了学生们的综合素质。每天的课间时间，学生们都会围着"玉兰花公布栏"叽叽喳喳地议论着谁的"玉兰花"最多、谁做得最好，大家都在为自己的"玉兰花"努力着：在学校，学生们争做一个尊敬老师、友爱同学、努力学习、有良好文明礼貌习惯的小学生；在家里，孩子们也学着做妈妈的小帮手（如倒垃圾、整理餐桌、收衣服等）；在生活中，孩子们懂得了要节约资源、保护环境，并且学会了垃圾分类；在课余，孩子们学会了安排诸如打羽毛球、爬山等丰富多彩的活动。通过综合评价体系的实施，学习成绩不再成为评价学生们素质的唯一指标，而是为学生们明确了努力的方向，培育学生们成为综合素质全面发展的有用之才。

通过"玉兰花芬芳"评价活动，提高了学生的自我管理水平。在荣誉的激励下，如原来比较内向的小陈同学，已学会热情地跟老师、同学问好；原先作业拖拉、经常不按时完成的小刘同学，为了得到"学习花"的奖励，一改原来学习落后的面貌，作业都是按时完成，而且学会了提前预习课文，学习成绩也大幅提高。看着学生们的进步，我喜上心头。当我问他们："本周哪位同学遵守纪律进步了？"他们会一致喊出同一个名字；或者我问："某某同学这周有没有进步？"他们也会异口同声地说"有"。可见，学生们的眼睛是雪亮的。为了争评"劳动花"，每周承担扫地任务的5位学生，都比以往更加积极主动了，他们分工合作，安排妥当，扫地的，拖地的，摆桌椅的，倒垃圾的，从不偷懒，从而形成了学生自我管理机制，提高了自我管理能力，取得了明显的班级管理成效。

自从学校实施"玉兰花芬芳"评价活动以来，学校先后涌现出以李梓东为代表的工作认真负责的班干部；以陈铉冰、薛语彤等为代表的尊敬师长、团结友爱的好学生；以陈劲琪为代表的热心为班集体做好事的先进学生。每一朵"玉兰花"都代表着学生们的点滴进步，鼓励着学生们从学习、日常生活、做人做事等方方面面入手，通过"定花""争花""养花""颁花""护花"等活动，不断为学生们确定新的目标，挖掘学生们的内在潜能，让学生们从活动中看到自己的进步，不断证明自己的成功。

通过"玉兰花芬芳"评价活动的实施，朵朵"玉兰花"伴随着每一位学生成长，激励着学生们不断向上进取，每天成长一点点，每天进步一点点。朵朵"玉兰花"也将伴随他们在人生成长的道路上，形成独立人格，不断前行，力争上游，再创佳绩！

芬芳玉兰，促我成长

——浅谈"玉兰花芬芳"评价活动在班主任工作中的作用

陈虹宏

【摘要】教育的艺术在于激励与奖励，因此班主任如果能了解学生、尊重学生、相信学生、关心学生，采用科学的方法调动学生的积极性，运用正确的激励手段和有效的奖励方式，适时地满足学生的心理需求，可使班级管理朝着所预期的目标发展，使所教班级成为一个团结奋进、蓬勃向上的集体。

【关键词】目标激励　竞争激励　情感激励　能力激励

在学校，班主任是一个班级的灵魂人物。一个班级的教育能否起到理想效果，能否充分调动学生的积极性，很大程度上取决于班主任的教育方法。教育的艺术在于激励与奖励，因此班主任如果能了解学生、尊重学生、相信学生、关心学生，采用科学的方法调动学生的积极性，运用正确的激励手段和有效的奖励方式，适时地满足学生的心理需求，一定能营造出积极健康的班级氛围。

一、目标激励——巧用玉兰花奖励

要成为一个优秀的班集体，首先要让学生明确前进的方向，这就是班级目标。

开学之初，我就告诉全班学生，要把这个班集体当成自己的"家"，争做集体的主人，处处为"家"争光。同学们在"班级是我家，优秀班级靠大家"这句话的激励下，积极参加班级与学校中的各项活动，处处为班集体争光，逐步约束自己的言行，讲文明、讲礼貌，用实际行动表达着自己对集体的热爱之情。如每日认真打扫教室环境卫生；同学之间和睦相处，互相帮助，自觉维护集体荣誉；自觉地做好眼保健操、课间操；遇到老师、同学主动打招呼问好……每周学校公布的"班风量化竞赛"中，如果获得年级第一名，我就奖励全班每人一朵小红花；对于劳动积极的同学，则奖励一朵"劳动花"；对于主动为班集体做好事的同学，则奖励一朵"品德花"；对于班级中最讲文明，有礼貌的同学，则奖励一朵"礼仪花"。我还及时针对班级中出现的一些问题，随时制定一些更为具体的小目标，如改正在课堂上随便说话的小毛病；杜绝不按时完成作业、抄袭作业的现象。学生如果有所进步，我就给予适当的"玉兰花"奖励。班集体不是学生个体简单的组合，而是引导、培养学生具有正确的政治方向，强烈的集体荣誉感和奋发向上、团结友爱的集合体，又是使全体学生德、智、体、美、劳各方面都得到发展的有力保证，而目标激励与奖励是学生前进的动力。

二、竞争激励——争优获取玉兰花

作为班主任，我深深地明白，良好的学习风气，对学生思想品德的形成和发展起着关键性的作用。在教学中，不仅要努力培养学生严谨的学风，为学生创造一种和谐进取、奋发向上的班级环境，还要促使学生共同进步、共同成功。

学生的眼睛是雪亮的。我利用每周一的班会课，让学生自己说一说过去的一周班中的好人好事，推荐自己心目中能获得"玉兰花"的人选，例如，学习最认真的人、上课最积极的人、作业最工整的人等，让学生对号入座评出最恰当的"玉兰花"获得者。从而使全班学生明确学习目的，端正学习态度，让他们明白人人都能获得不同程度的成功，关键在于自身的努力，靠自己的表现，去争优获取"玉兰花"，从而形成了一种浓厚的竞争氛围。

三、情感激励——找亮点奖玉兰花

在班级管理中，还要善于发现学生的亮点，要勤鼓励，勤表扬，这样不但可以增进学生间的友谊，而且能增强学生的自信心，使学生的优点得到充分的表现，更快更好地促进学生的成长。中高年级的学生很看重自尊和荣誉，他们常表现出爱惜荣誉的特点，争取在老师、同学和家长中获得认可，

甚至取得某种威信，他们都希望得到老师的表扬，增强自己在同伴中的影响，在集体中得到重视。

例如，我们班的"调皮大王"原本是个纪律差、不讲究个人卫生的学生。课堂上有时他会故意捣乱，怪声怪气地读课文，引起老师的注意，引发其他同学的哄笑；或者是故意把文具丢在座位不远处的地板上，趁老师不注意，爬到地上捡文具；或者是自己在课桌底下偷偷折纸飞机，趁老师在黑板上板书时，把纸飞机射向其他同学。他的座位周围，常常丢有纸屑和纸团。在班里，大多数同学都不喜欢他，他也交不到朋友。我常常利用课间休息时间与他聊天，发现他不清楚自身能力，无法在班级里实现自身价值，因此总爱故意捣乱。

有一次学校大扫除，我发现他提水、擦窗户、拖地板，一个人干活很卖力，虽然满头大汗，脸上却洋溢着劳动的喜悦。我在全班同学面前公开表扬了他，并带动全班同学为他鼓掌，借此既肯定该学生为集体做出的努力，强化其有益于集体的行为，也达到在班上树立一种尊重付出和弘扬进取精神的效果。每周一次的班级"玉兰花"评比活动，有同学认为他可以评得一朵"劳动花"，民主投票时，他得票最高，当之无愧。那一周，他的"小花园"第一次开出了一朵"劳动花"。从那以后，班里有什么活他都会争着干；下课时，他也总是主动到各位任课老师跟前询问有什么事需要帮忙。渐渐地，劳动时大家都喜欢和他搭档，他也在劳动中交到了朋友，同时他也懂得爱劳动也要保护自己的劳动成果。不久，他座位周围的纸屑和纸团少了。在我的鼓励、表扬和"玉兰花"的奖励下，他的纪律性明显增强，人也变得乐观向上。经过一学期的坚持与努力，他的"小花园"中开出了许多"劳动花"。从那以后，他再也不是我们班的"调皮大王"，而成了"劳动大王"。

这使我深深地体会到，作为一名班主任，应随时观察学生的情感表现，把握学生情感的触发点。抓住时机，积极加以引导，巧妙激励学生，用坦诚真挚的爱心引起学生的情感共鸣。

四、能力激励——"百花齐放"的玉兰花

班级中的学生，各人有各人的性格和特点，爱好和追求不同，各方面的

能力有大有小，因此要帮助学生正确认识自我，看到自身的价值与潜在的能力，充分发挥自我潜能。针对学生热情好胜、乐于接受正面教育的特点，我以鼓励为主，让学生发现自己的优点，激发学生潜在的能力，成为更加优秀的学生。

例如，小陈同学原是一个粗心大意、做事虎头蛇尾的小学生，遇到师长只会安静地走开，老师让同学们主动打扫卫生时，她也只是默默地看着，从不主动参与。自从学校举办"玉兰花芬芳"评比活动以来，在我的激励下，她决定让自己的"小花园"百花齐放。从此她渐渐地做任何事情之前都会细心观察、认真思考，力求把每件事情都做得更加完美。不仅改掉了粗心大意的坏习惯，而且也懂得做任何事情都应该坚持不懈，持之以恒。不管在校内还是校外，她遇到老师和长辈，从起初的微笑点头，到后来大声地向老师和长辈打招呼。不久之后，她的"小花园"里盛开了一朵"礼仪花"。当老师让同学们打扫卫生时，她也主动参与劳动，并在劳动中挥洒着快乐的汗水。不久之后，她的"小花园"里又盛开了一朵"劳动花"。课堂上，她认真听讲，老师提问时，积极举手发言，争取给老师一个满意的答案。她的"小花园"中又盛开了一朵"学习花"。当同学遇到困难时，她会向他们伸出援助之手，这样她的"小花园"中又盛开了一朵"品德花"……经过一学期的坚持与努力，她的"小花园"中开出了各种各样的花朵。那个学期的"玉兰花"评比中，她获得了"特等奖"。因为"玉兰花芬芳"评价活动，她成长为一名更优秀的小学生。

在"玉兰花"争花行动中，同学们学会了乐于助人，学会了上课认真听讲，学会了热爱劳动……在"玉兰花"的陪伴下，大家不断为自己确立新的目标，发现自己的潜能，看到自己的进步，证明自己的成功。个人的小进步，成就了班级的大进步。

班主任工作是一门艺术，作为班主任，采用多种激励与奖励的方法调动学生的积极性，可使班级管理朝着所预期的目标发展，使所教班级成为一个团结奋进、蓬勃向上的集体。

关于昌黎路小学实施"玉兰花芬芳"学生成长评价机制的调查报告

李　焕

【摘要】在新课程改革的大背景下，昌黎路小学设立了"玉兰花芬芳"学生成长评价机制，经过两年多的开展和实施，这套评价机制在发挥学生的主观能动性，培养自我学习能力，促进学生全面发展等方面取得了明显的成效。现通过对学校教师、学生、家长对"玉兰花芬芳"学生成长评价活动开展情况和看法的调查，希望不断完善本校的德育教育改革，并为完善本校学生成长评价机制提供参考依据。

【关键词】玉兰花芬芳　评价机制　德育改革　全面发展　调查

昌黎路小学作为广东省一级学校、广东省红领巾示范学校，一直积极开展学生成长评价方式改革研究。学校少先队大队部结合本校实际情况和特点，拟定了一套行之有效又富含昌黎校园文化气息的激励机制——"玉兰花芬芳"学生成长评价机制。该评价机制通过班级共评，定期为各方面获得进步的学生颁印相应类型的玉兰花，朵朵玉兰花将记录每一位学生小学阶段的成长经历和点滴进步。为了解该评价机制的成效，本学期我们对昌黎路小学实施"玉兰花芬芳"学生成长评价机制情况进行调查研究，包括调查学校教师、学生、家长对"玉兰花芬芳"学生成长评价活动的开展情况和看法，将评价改革前后的情况进行对比分析，旨在为今后评价机制的全面实施和继续探索新的评价机制，深化学校德育教育改革提供参考。在这次调查活动中，我们采取了问卷调查、对话、查找文献和学生评价理论研究等方法。

一、"玉兰花芬芳"学生成长评价机制探究

我校的"玉兰花芬芳"学生成长德育评价机制实施已有 3 年多了，其间

我们不断研究问题、总结经验、改进方法、完善体系，从中进行了积极的探索，获得了一些富有特色的经验。现将"玉兰花芬芳"学生成长评价机制实施方案总结如下：

（一）指导思想

"玉兰花芬芳"学生成长评价机制从学生的心理年龄特点出发，把对学生的思想道德素质、科学文化素质和健康素质等方面的要求，具体外化为若干"玉兰花"，鼓励学生从日常生活及学习的具体环节入手，通过"定花""争花""养花""颁花""护花"，不断为自己确立新的目标，发现自己的潜能，看到自己的进步，证明自己的成功。同时，活动以提高学生的全面素质为目标，让学生通过积极主动参与"争花行动"，独立自主地开展生动活泼、丰富多彩的争花活动，学会生存，自强自立；学会服务，乐于助人；学会创造，追求真知，成为21世纪建设有中国特色社会主义事业的合格建设者和接班人。

（二）基本原则

一是全面参与，鼓励进取。以我校具体条件和每个队员的实际水平为起点，倡导参与就是进步，提高就有奖励，充分调动各中队组织和全体队员参加"争花行动"。二是尊重学生的自主性。班主任要对训练项目及获花标准进行详细说明和指导，要鼓励学生向自身挑战。训练过程中要注意进度和阶段性，循序渐进，注重个体差异。三是发挥学生的主动性。学生是实施本细则的主体，因此开展的一切工作和活动，都应该充分考虑到学生的兴趣和需要，充分调动所有学生的积极性。四是训练项目和标准的非竞争性。所有学生都可以参加本方案所设定的训练项目，获花标准一般通过努力都可以达到。各中队组织要摒弃选拔意识，强化普及观念，不强调队员之间的相互竞争，提倡自己和自己竞争，不断地为自己设定新的目标。五是注重全面素质，鼓励发展特长。让学生在训练中不断挑战自我、战胜自我、展现自我并感受成功的喜悦。在突出共性培养的同时，注重鼓励个性发展；在强调全面发展的同时，注重鼓励学生特长的发挥。

（三）评价活动步骤

一是"定花"：各中队对照争花细则，利用班队活动课的时间广泛宣传

玉兰花活动的内容和要求。再由学生自己制订争花计划，确定某一阶段学会哪些技能。这一充分体现学生自主性的做法，会极大地调动他们争花的热情，全身心地投入争花活动这一体验实践中去。二是"争花"：要求学生按照自己制订的争花计划，开展自我训练进行实践体验，这是提高技能、增长才干的中心环节。此外，还要求学生做好争花训练记录，把训练前后的能力变化及情感体验写下来，这一做法有利于体验教育的渗透，使学生在增长技能的同时，思想素质方面也得到发展。三是"养花"：考评要体现小型、灵活，强调简便易行，重在激励。考评在班主任或中队辅导员的指导下，在中队委的带领下，以中队委员、小队长、队员自主考评为主，并将获花情况及时公布。重知识，更重技能，要尽量将队员的聪明才智、技能技巧和社会交往等能力展示出来。四是"颁花"：每学月最后一节班会课举行颁花仪式，班主任收齐获花学生"学生成长卡"后填写学月获花学生名单及获花的种类，一并上交政教处，由政教处审批后在"学生成长卡"上盖章。让学生得到成功和荣誉的体验，并将进一步激励学生向更高的目标奋斗。五是"护花"：要求学生保管好成长手册，获得的一枚枚奖章代表着自己的一个个进步，用它激励自己刻苦学习、努力实践，争取新的进步。

（四）"玉兰花芬芳"奖励原则

一是每班每周评选人数不超过 15 人，每人不超过 1 朵。

二是学生现阶段的表现与前段时间相比有进步。

三是学生获得学校颁花后要一直保持下去，表现退步的，可以取消所颁花朵。

四是学校组织的活动、竞赛由学校在活动结束后统一颁花，不占用班级名额。

五是玉兰花获奖情况与学生的各项评优评奖挂钩，除物质奖励之外，可考虑以下几种形式的奖励：教师给家长打报喜电话、做一天教师的小助手、外出实践活动、做荣誉升旗手等。

六是学生参加（非本校组织的）校外公益活动或比赛，可由主办方开具证明，并将获奖证书原件及复印件上交学校，再由学校进行奖励。

（五）学期总评方法

一是奖励等级："玉兰花芬芳"评价活动特设"特等奖""一等奖""二

等奖""三等奖"四个等级的奖励。每个等级学校将给予相应的奖杯、奖状和奖品以资鼓励。

二是成绩汇总：花朵总数＋花朵种数×1.5＝总分，除特等奖外，按总分在全年级的排名决定一、二、三等奖。

三是奖励人数：特等奖每班1名（特等奖获奖者在一等奖获奖人员中按成绩及班主任意见进行选取），一等奖30名，二等奖40名，三等奖50名。礼仪花为必备花种，如学生无礼仪花，则所获奖励等级后退一级。

四是班主任审议：统计结果由辅导员送班主任审议，并最终确认获奖同学名单。若无特殊情况，原则上不替换、增加或减少名额。如需更改，应及时向政教部门申请，临时更改则不予批准。

二、问卷调查分析

按照学校"玉兰花芬芳"学生成长评价机制实施方案，本学期在教师、家长和学生中组织开展了抽样问卷调查，通过对抽样调查的样本分析，调查组得出了如下结论：

首先，通过"玉兰花芬芳"学生成长评价机制实施方案的开展，90%以上的学生表示喜欢这样的评价内容和形式，并表示出要继续参与评价的愿望。这说明这项评价机制符合本校实际情况和当前社会条件下孩子的心理需求和特点。评价机制的操作者是教师，孩子本身虽然十分关注对自己的评价，但由于年龄小等客观原因，不可能对评价机制本身提出有价值的建议。调查组认为，评价机制的价值之一是促进学生的全面发展，学生喜欢就说明这项评价的立足点和方向是正确的。

其次，我校开始进行这项评价活动时，许多教师不理解，并有应付的想法。但从这次对教师的问卷调查中得知，教师们能理解和认识学校进行评价改革的理念和必要性，由原来的被动应付变成了积极主动参与，甚至有些教师提出了自己的建设性意见；有的教师已开始关注评价机制的成效并参与评价机制的完善工作；有的教师对评价机制的价值提出了疑问，这又推动了这项评价机制改革向更高层次发展——对"玉兰花芬芳"学生成长评价机制的价值和作用的探讨。

最后，在问卷调查中，家长的反应是积极的，对这项评价机制促进孩子健康发展充满了期待，期望学校的评价机制能提高学校的教育质量。当然，鉴于家长的专业或文化水平的不同，他们不可能系统而全面地对这项学生评价体制提出建设性意见，但家长们都表示出对这项学生评价体制的支持，有的则表示有参与评价的意向。在问卷调查中也有家长不理解这项学生评价体制，这说明部分家长的教育评价观念与新课程改革对学生的评价要求之间存在差距。

三、对话"玉兰花芬芳"学生成长评价机制操作者

首先，我校在新课程改革中开展的"玉兰花芬芳"学生成长评价机制，经过两次修订，到现在已初步建立了全面的评价形式。许多教师认为评价形式已不是评价机制研究的主要方面（尽管还有许多需要完善的地方），而是在评价形式所表达的评价理念和评价价值体现上。

其次，"玉兰花芬芳"学生成长评价机制的操作者——学校大队辅导员和各班班主任认为："学生评价不仅是教育手段和方法，还是学校教育理念和教育文化的体现。""玉兰花芬芳"学生成长评价机制所倡导的"以生为本，立足过程，促进学生全面发展"的学生评价理念，直接触及学校办学价值观与价值判断，直接触及教师对教育工作的价值观与价值判断。一是对学生评价本身的价值体现：是追求对孩子的未来负责，还是只追求对孩子的升学负责。二是对学生的评价直接反映了学校和教师的价值取向：是追求孩子的全面发展，还是只追求教育的眼前功利。这正反映了一个学校或一名教师的价值观。因此，学生评价课题研究应纳入校园文化建设之中，只有民主和谐的教育环境和真诚关注每一位学生的学校文化氛围，学生的主体性才可能张扬，评价改革的价值才可能实现。

四、结论与建议分析

通过本次调查，调查组认为每种评价方法都有自己的特点、优势及局限性。教师必须根据不同的评价目的、评价内容、评价对象、评价环境、学科特点和班级人数等教学实际，选择和运用恰当的评价方法，重视日常教育教

学过程中的即时评价，及时关注、了解学生的已有经验、现时状况和具体需求，切实有效地通过评价引导学生进步。评价要处理好模糊与精确的辩证关系，重在具体引领，突出日常沟通，引导学生关注自己和他人的长处、亮点，在此基础上形成教师、学生和家长参与的评价记录。学生评价原本就存在于教育教学之中，从学生发展的客观规律看，在每一个具体的教育情境中，学生期望获得关爱、尊重、引导，需要适时恰当的评价，而游离于教育教学具体过程之外的评价，难以体现评价的价值。

由此可见，我校的"玉兰花芬芳"学生成长评价机制已到了关键阶段——如何在具体的教育教学工作中贯彻我校学生评价的理念和体现学生评价的价值，使"玉兰花芬芳"学生成长评价机制成为教育质量的增值器。调查组建议，今后这项研究工作一定要与教师教育教学的具体实际结合起来，评价理念和内容应贯穿日常教育教学全过程，涉及备课、课堂教学、作业与考试、家访与个案分析、成长记录、学生日常生活表现等全过程。这应是今后这一课题改革的重要研究方向。

评价篇

谈谈对学校"玉兰花芬芳"评奖制度及所开展活动的看法

赵埔欣家长：邱秀玲

　　记得从女儿读二年级起，学校每学期的"三好学生"评奖活动就变成了现在的"玉兰花芬芳"评奖制度。那个时候，作为家长的我，并没有觉得这种变化对孩子的教育有什么好的促进作用，反而觉得，现在没有了"三好学生"的评奖活动，那孩子在学校的学习、生活情况我们家长不是都不知道了吗？是否就只能从孩子的日常考试成绩来评估她在校各方面的成长了呢？

　　随着时间的推移，很快就到了2016年9月，孩子升上了三年级。也因为家里生意的需要，我一年中有近一半的时间出门在外，孩子的学习方式也已慢慢转化为自觉安排为主，家长协查或抽查为辅的模式。

　　在没有任何特殊状况出现的情况下，孩子顺利完成了第一学期的学业，可当我收到孩子转交给我的《家庭报告册》与"玉兰花芬芳·学生成长卡"的时候，我简直不敢相信，每年都是"三好学生"的女儿，居然本学期的"玉兰花园"里只有少得可怜的4朵小红花，并且是2朵"劳动花"，1朵"礼仪花"及1朵"班务花"。也就是在这个时候，我才关注到每朵小红花都有它特殊的意义。在我的追问下，女儿告诉我，班里每周一都会进行一次评比，会根据班里同学的进步或贡献情况进行评奖，"小红花"的类别有：学习花、纪律花、班务花、家政花、礼仪花、品德花、技能花、劳动花等。此时，我内心激动万分，我为我没有及时去了解学校的这项优化举措、没能及时与孩子进行正面的沟通，而感到非常惭愧！

　　随后，我立即与女儿就第一学期中存在的不足与改进办法、怎样在第二学期中争取达到"德、智、体"全面发展，进行了深入的反思、探讨与计划。当我们目标明确、计划清晰时，女儿也像打了鸡血一样，在第二学期突

然发力：期中考试考出了全班总分第一名，期末考试总分第九名的好成绩；对待老师布置的工作认真执行；与周围的同学和睦相处、互相帮助；积极主动地参与学校组织的各项课外活动。通过女儿的不懈努力，终于在第二学期结束时，取得了12朵"玉兰花"，并被评为"一等奖"，最可喜的是获奖的"玉兰花"标志基本上能覆盖所有的类别，这证明孩子的进步是较为全面的！我再一次感受到孩子的长足进步，我悬着的心，终于宽慰些了！

孩子的进步离不开学校与家庭的共同关注与付出。有了"玉兰花芬芳"评奖制度，家长才能及时了解孩子每周在校的情况，为孩子提供正确的引导。也希望学校对学生的管理更细化、与家长的互动更及时，我们的孩子才能在高质的氛围中成长得更好！

玉兰芬芳，伴我成长

——浅谈"玉兰花芬芳"学生成长评价活动

詹溢家长：詹海涛

"我们的祖国是花园，花园的花朵真鲜艳。"每次听到小朋友们在唱这首歌的时候，我的眼前就会浮现出一朵朵美丽的花朵。没错，每一个天真活泼的小朋友，都是一朵含苞待放的花。昌黎路小学就以学校的校花"玉兰花"之名，开展了"玉兰花芬芳"学生成长评价活动，鼓励小朋友们通过自己的努力，去争取属于自己的"花"。自从活动开展以来，作为家长，我觉得效果非常不错，对学生德智体美劳各个方面的发展，都有一定的帮助。

首先，学生的主动性大大提高。从以前的"要我做"变成"我要做"，他们积极参加各种活动，精神面貌焕然一新，在班里形成了你追我赶的良好学习氛围。而校园活动也办得丰富多彩，举办了"文明礼仪我先行""硬笔字书写比赛""纵横码比赛""迎国庆绘画比赛"等活动，还组织学生参加了政府举办的各种有意义的社会活动。

其次，学生的综合素质大大提高。很多家长都会说，素质教育很重要，而"玉兰花芬芳"评价活动本身就是提升素质教育很好的一种创新方式。让每一位学生都有兴趣参与到各种活动中来，并且体会到学习的快乐，才是现代教育的一种特色。那么通过"玉兰花芬芳"评价活动，大家都可以发挥自己的特长，让学生做自己的主人，不以学习成绩论英雄，在那些得到"玉兰花"奖励的同学当中，既有成绩优秀的，也有品学兼优的，真正发挥学生自己的特长，不妄自菲薄，自暴自弃，从而提高了学生的综合素质。

最后，学生的自信心大大提高。让我感触最深的是女儿自从参加了"玉兰花芬芳"活动后，兴趣比以前更广泛了，性格比以前更开朗了。每得到一朵想得到的"花"，回家后她都会很高兴地跟我们一起分享："爸爸、妈妈，我今天得到了一朵'礼仪花'，我好开心啊！"然后就会以愉快的心情吃饭、做功课。因为通过自己主动为班集体做好事、帮助其他同学获取到的花，让她的自信心特别强。这种积极性会潜移默化地转移到学习中来，学习成绩也比以前提高了，而且连续几个学期都获得了"玉兰花芬芳"评选的奖励。

在当前新的社会形势下，很多家长都会把所谓西方的素质教育挂在嘴边，其实并没有真正领悟其中的真谛。我觉得学校开展的"玉兰花芬芳"评价活动，真正地体现了文化教育、素质教育、公益教育的学校教学理念，让每一位学生都绽放出玉兰花般自然的芬芳，茁壮成长，快乐成长。

用心灌溉，收获芬芳

——谈谈对学校"玉兰花芬芳"活动的几点感受

柯铮铮家长：林湘蓉

在家经常听女儿说哪个方面要努力要进步，为了"玉兰花"；哪个缺点要赶紧改彻底，也是为了"玉兰花"；哪个活动要积极参加争个好名次，还是为了"玉兰花"……于是，趁着一次参加家长会的机会，我对学校这朵神奇的"玉兰花"好好地了解了一番。"玉兰花"，全名"玉兰花芬芳"，是昌黎路小学独创的一套学生成长评价制度。我总结了一下，这套评价制度，有着四大特点：

一是涵盖面广。"玉兰花"分品德花、学习花、劳动花、纪律花等 16 个种类，每个种类都有具体标准。16 种"玉兰花"，代表了学生德、智、体、美、劳等方方面面。而最终的评价标准，不仅要比谁获得的"玉兰花"数量多，还要比谁获得的"玉兰花"种类多。换而言之，即评比谁的综合素质高，谁的综合能力强。众所周知，小学是每个人思想、智力、能力，以及良好习惯形成的重要人生阶段，很多学生，甚至家长，往往都只注重学习成绩，而忽略了综合素质和能力的发展。这样的分类评价标准，为学生全面协调发展起到了一个很好的导向作用。让每一位学生深刻地懂得：我的成长，除了要争取得到更多的"学习花"，还有其他方面，需要我去努力，需要我去争取。让学生在日常评比活动中，以"玉兰花"为准则，以"玉兰花"为目标，实现自我管理、自我提升。

二是内涵深刻。"玉兰花"的奖励条件是学生现阶段的表现比上阶段有明显进步，而且要求这种进步是必须保持的，如果退步了，"玉兰花"是要被取消、追回的。这是一个自身的纵向比较，只要你肯努力、有进步，取得突破，你就有机会获得"玉兰花"。比如一个学生以前每次考试都是七八十分，这一段时间他上课非常认真，课后也十分努力，终于考了九十分，那么他是极有可能得到"学习花"的；再比如一个学生平时总是懒懒散散，对班

集体漠不关心，经过引导鼓励，他试着参加了班级的劳动，并且越来越积极主动，他也是会得到"劳动花"的。所以说"玉兰花芬芳"是一个人人都要参与、人人都有机会、人人都能表现的活动，这样一个评价体系不仅仅是为了评价学生的过去和现在，更是着眼于学生的发展。它改变了以往那种仅局限于小部分表现突出的学生的评价体系，做到了面向全体，让每位学生都觉得成功是可望又可即的，从而极大地增强了学生的自信心和成就感，让每位学生都能感受到成功的喜悦。通过这样的方式，鼓励更多学生更好地完善自我；发现学生的潜能，发挥学生的特长，了解学生发展中的需求，帮助学生认识自我，建立自信，使每位学生更加热爱自己、悦纳自己、超越自己，从而促进学生的智商、能力、人文情感的健康发展。

三是方法科学。改变了以往只由教师评价的单一模式，采用由学生提名、同学互评、大家举手通过的方式，把评价活动的主动权交给学生，充分体现以学生为主体的思想。评价过程中，老师更多的是起到引导作用，引导学生学会依据一定的标准互相评价，让学生在评价、讨论中懂得什么是好，什么是坏，哪些行为是大家喜欢的、值得提倡的，哪些行为又是大家批评的、需要坚决改正的。引导学生在互评过程中学会评价和分析，学会交流和分享，在评价中思考，在思考中成长。在培养学生判断能力的同时，逐步帮助学生养成尊重、理解、欣赏他人的态度，以及自我反思和接受他人评价的能力，让学生在互评中有针对性地做出自我改进，自我完善。

四是奖品独特。入学至今，女儿的进步是明显的，从以前的作业拖拉到现在的自觉复习，她说这是"学习花"；从以前的傲慢任性到现在的谦逊礼貌，她说这是"礼仪花"；在积极参加学校组织的各种文体活动中培养了许多课余爱好，她说这是"竞赛花"；甚至还对社会上的爱心活动热心起来，她说这是"公益花"……经过努力，女儿终于在期末获得了"玉兰花芬芳·特等奖"，奖品是一次户外拓展运动。活动当天，女儿起得特别早，自己把头发梳理得格外整齐，红领巾也戴得端端正正。她对我说，这一定会是她最开心最难忘的一次活动。我对她说，这是你自己用心灌溉的玉兰花，所以，这份芬芳你能体会得比别人更深刻！

"玉兰花芬芳"评价制度

——珍藏童年最美好的记忆

吴家熠家长：吴　哲

记得以前自己读小学的时候，每个班里都有一个小红花榜，上面有班里每个学生的名字，后面印着各自取得的小红花。在那时奖励小红花是学校老师经常用的精神奖励手段，小红花代表着荣誉，是激励孩子前进、增强孩子自信心的一味灵丹妙药。孩子们为了得到更多的小红花奖励，各自努力着，力争做个德智体美全面发展的"三好学生"。

今年9月，儿子正式成为一名小学生，而我也以家长的身份重回母校。在开学前的家长培训班上，我发现教室里多了一面"玉兰花儿竞开放"公布栏，上面有的学生照片旁边盖有一朵朵"玉兰花"，有的则没有。后来听前两届的学生家长说，"玉兰花"是昌黎路小学的校花，"玉兰花芬芳·学生成长卡"是学校2015年新推出的彰显校本特色的素质评价方式。学校从学生的心理年龄特点出发，组织开展各种生动活泼、丰富多彩的争花活动，鼓励学生通过"定花""争花""养花""颁花""护花"，不断为自己确立新的目标，发现自己的潜能，看到自己的进步，证明自己的成功。

我认为，评价制度作为一种竞争机制，旨在促进学生德智体美全面发展，激励学生不断进步。昌黎路小学的"玉兰花芬芳"评价制度适应了现今多元化社会的要求，能更科学、有效地发挥评价制度在教育教学中的作用，促进学生更具个性地全面、自由发展。

虽然儿子的小学校园生活才开始了一个多月，还没有真正参与到学校"玉兰花芬芳"的争花活动中，但我会鼓励他积极参与，让他通过自己的努力，证明自己的进步，通过争花活动学会生存，自强自立；学会服务，乐于助人；学会创造，追求真知，成为21世纪建设有中国特色社会主义事业的合格建设者和接班人。

　　不管我们长到多大年纪，童年校园生活永远都是我们最为珍贵的一段时光，对我而言，小红花奖励就是我童年最美好的回忆之一。多年以后，"玉兰花芬芳"评价制度以及所开展的各种活动也会成为儿子童年最美好的回忆之一。

对学校"玉兰花芬芳"评价制度的看法

林戴恩家长：林伟光

说起玉兰花，潮州市民都不会陌生，在大街小巷、小区大院里都随处可以见到玉兰树笔直的躯干和葱郁的枝叶，每逢玉兰花开时期，伴随着阵阵清风，沁人心脾的玉兰花香，从屋檐到窗台边，伴着人来车往，清香远溢。但是我们今天要说的却是玉兰花的另一种"芬芳"——昌黎路小学"玉兰花芬芳"评价制度。学校通过对学生各项技能、素质的综合表现进行考评，对在学习、品德、礼仪和家政等方面表现优秀的学生进行奖励，每年一次的评选、奖励，触发学生的参与积极性和主动性，引导学生"学会做人、学会求知、学会创造、学会健体"。这种多方面的强调综合表现的评价制度，让学生和家长看到学校在培养学生的全面素质和创新能力上的良苦用心。

去年，儿子来到了昌黎路小学上一年级，起初，他还习惯于幼儿园的那种生活状态，我们家长都比较紧张，很是担心，既担心他能否跟新同学相处得好，又担心他学习能否跟得上，还担心他中午在学校能否吃得好睡得好。后来发现学校里面的那句校训，着实就是回答我们这些问题的最佳答案。我们都知道孩子上学读书好不好要看成绩，但是我们也都知道单单看成绩也不行，许多成绩以外的东西也很重要，比如身体健康，比如思想品德，所以几乎每个家长都会要求孩子要"乖""不挑食"，那些不听话的调皮捣蛋的孩子还会被称为"熊孩子"，所以家长们都希望学校不仅教孩子们掌握知识，还要教孩子们学会做人，就是我们的父辈常常说的，不但知书还要达理。这个评价制度从学期一开始就深受孩子们喜欢，哪方面做得好，老师就奖励一朵"玉兰花"，及时的奖励兑现加上鼓励，让孩子们在整个学期里都坚持不懈。一学年下来，数数自己有几朵花，有哪些花，如同金秋丰收的农夫数着田里的收成一般，让我们这些陪伴在一旁的家长也开心得不得了。

"玉兰花芬芳"评价制度让学生可以在一个学年度不断去努力摘得每一

朵"玉兰花",从学习、品德、技能,再到礼仪、班务、家政等各方面,逐一评比获得的"玉兰花",然后学年终根据所获得的"玉兰花"数量和种类评出各个大奖,我觉得这种综合的累计过程的评奖,既是从学校到家庭,也是从学生自身的能力到团队的协作,从知识到品德的拓展,更能多方面提高孩子的各项素质能力。同时这也给了家长们一个具体的指引,让家长引导孩子与学校同步进行,使家校互动更加紧密。通过建立奖励机制,激励更多的孩子追求上进,形成追、赶、超的积极氛围,让孩子懂得学校的学习生活不只是简单的知识累加,还有师恩和友谊。愿那朵朵玉兰花香,浸润着莘莘学子,学习花、品德花、技能花、班务花、家政花、礼仪花、竞赛花每一朵都沁心泽远。

玉兰芬芳满校香，骄阳学子扬起帆

杨芷涵家长：雷洁薇

女儿是我的骄傲！她今年上二年级，是班里的中队长、值日班长、三好学生，老师和同学们都很喜欢她。她阳光、上进、乖巧、聪慧；她热爱学习、热爱学校、热爱班集体、尊敬老师、团结同学，喜欢班里的每一位同学。

女儿，在我眼中是优秀的，这得益于好的学校、好的老师以及好的教学机制。

我很庆幸女儿能在昌黎路小学上学，昌黎路小学是一所百年老校，具有悠久的历史和深厚的文化底蕴，传承了很多优良的办学理念，建立了很多有特色的教学机制，包括家校协作、兴趣班以及"玉兰花芬芳"评价制度等。其中"玉兰花芬芳"评价制度对女儿的影响及帮助甚大。她在一年级第一学期获得"玉兰花芬芳"评价活动一等奖，第二学期获得"玉兰花芬芳"评价活动特等奖。

"玉兰花芬芳"评价制度中的玉兰花种类一共有16种，包括品德花、技能花、艺术花、学习花、班务花、劳动花、安全花、礼仪花、家政花、纪律花、公益花、环保花、竞赛花、队务花等，这16种花涵盖了孩子成长过程中德智体美劳的方方面面，对孩子的成长有着重要的指引作用。

"玉兰花芬芳"评价活动极大促进了孩子的学习兴趣，提高了学习动力，让孩子爱上学习。上一年级的某一天，女儿回到家就兴高采烈地跟我说，老师奖励她一朵"玉兰花"，那个时候我并不知道"玉兰花"是什么，以为是像幼儿园一样的小红花，之后一段时间女儿不断地给我报喜说她因为表现好得了"玉兰花"：按时完成作业，考试成绩优异拿到"学习花"；参加学校的画画比赛得到了"竞赛花"；担任值日班长做班务工作得到"班务花"；帮老师打扫办公室得到了"劳动花"；懂礼貌，尊敬师长得到了"礼仪花"；

上课认真听讲、遵守纪律得了"纪律花"……朵朵"玉兰花"争先怒放，代表了女儿方方面面的表现得到了学校与老师的认可，"玉兰花"踪迹见证着女儿的成长，是"玉兰花芬芳"的评价机制一步步引导着女儿顺利度过一年级，并且因此变得热爱学习，热爱集体，成为一个有自我学习欲望和动力的自觉自立的人，这是一种极为可贵的人格特质。

"玉兰花芬芳"评价制度是昌黎路小学的特色教学活动，它有着无可比拟的优越性。

首先，"玉兰花芬芳"评价活动符合孩子成长规律。人天生就喜欢被表扬、被认可，孩子也是一样的，优秀的孩子是被夸出来的。当孩子表现好的时候，适当给予鼓励与肯定，能极大提升孩子的自信心。"玉兰花"对孩子来讲就是一种认可和鼓励，当孩子因某种表现得到认可后，能让孩子知道哪些行为是可取的，哪些行为是不能做的、不被鼓励的，慢慢地，孩子便能找到变优秀的路径，"玉兰花"就像指路灯塔一样，能指引孩子找到正确的行为方式，从而内化为孩子的内在品质。

其次，"玉兰花芬芳"评价活动中的 16 种花代表了良好行为的方方面面，对培养孩子成为综合性的人才有很好的指引作用。现代社会对人才的要求，是多方面的、综合性的，培养一个优秀的孩子，绝不能仅仅以成绩论高低，这就要求学校应该从提高综合素质入手，从一年级开始便灌输给孩子们，如何做才能成为一个综合性的人才，而"玉兰花芬芳"评价活动能够把培养综合性人才的理念落实到学校教学的日常管理工作中，成为孩子成长的指路明灯。

再次，"玉兰花芬芳"评价活动是一个系统评价机制，标准清晰明确，评价公平公正，有利于培养孩子们的竞争意识。竞争是一件很残酷的事情，但竞争也能激发出人更多的能量。在一个比较公平透明的系统里，有效的竞争能够让孩子们懂得，只有努力争取才能得到属于自己的成功。通过评比、选拔优秀，以此来激发孩子们的学习热情，强化孩子们的学习欲望。让主动学习、热爱学习、崇尚优秀，成为一颗会发芽的种子，埋在孩子们的心田里。

最后，好的教学环境，好的教学机制，好的教学老师，是孩子们在学校获得良好成长的重要保障，三者缺一不可。"玉兰花芬芳"评价活动的有效执行，有赖于老师能公平、公正、公开地在班级开展各种评比活动，让有效的竞争在孩子们的日常学习中展开，利用"玉兰花芬芳"评价机制鼓励引导孩子们成长，从而形成积极向上的学习氛围，养成良好的竞争意识，培养更多综合性的人才。玉兰花香飘满校园，助力骄阳学子扬帆起航，去创造更广阔、更精彩的人生。

玉兰芬芳满校园，你追我赶争上游

张瑾瑜家长：张伟岭

在潮州市昌黎路小学，有一种令莘莘学子梦寐以求的殊荣，那就是"玉兰花芬芳"奖项，此奖项是潮州市昌黎路小学对综合表现最为优秀的学生的一种奖励，也是学校进行素质教育改革的转折点。

玉兰花是潮州市昌黎路小学的校花，更是潮州市的市花，玉兰花因其花叶饱满、清香阵阵、沁人心脾而闻名，由此寓意纯洁、高尚。而潮州市昌黎路小学以玉兰花为名设立"玉兰花芬芳"奖，不但希望学生在德、智、体、美、劳各方面能全面发展，而且要求学生要有"你追我赶、争先进位"的表现，更要有"百尺竿头，更进一步"的拼搏精神。

"玉兰花芬芳"奖以班级为单位，每一学期评选一次。新学期开始，每位学生会接到一张"我的玉兰花园"的卡片，班主任会在学习、纪律、品德、礼仪、劳动等方面，对某方面表现突出，或是有贡献的学生，在卡片上给予相应的"玉兰花"奖章，待到学期结束时，再对每位学生获得的"玉兰花"数量和种类进行汇总，"玉兰花"数量最多、种类最全者获得"特等奖"。此奖项的特点在于，获得特等奖的并非班里学习成绩最优秀的，而是综合表现最佳的学生，这与誉满全球的世界顶级学府英国牛津大学的新生录取制度，有着异曲同工之妙。

设立"玉兰花芬芳"奖，不但是一种激励机制，而且是一种校园文化。潮州市昌黎路小学有着百年的办学历史，学校所在的昌黎路，则是为纪念韩文公对潮州城的贡献而命名的，韩文公治潮的四大举措之一便是"兴学育才"，潮州市昌黎路小学传承了韩文公的深厚文化底蕴，在全校开展"玉兰花芬芳"评价活动，建立优秀的校园文化。在学习上，要求学生勤奋好学，努力拼搏，汲取文化知识，取得优异的学习成绩；在纪律方面，要求学生严格遵守学校的各项规章制度，维护学校、班级的秩序；在品德方面，鼓励学生弘扬互相尊重、互相帮助、友好共处的传统美德；在礼仪方面，规范言语行为，做到举止文明、仪表端庄；在劳动方面，鼓励学生自己动手，自己会做的事情自己做。独特的校园文化，造就了不一样的校风，这对学生正确人生观、价值观的树立，良好习惯的培养，乃至教育成败有着重要的意义。

"玉兰花芬芳"评价机制，为学生营造了一个良好、积极向上的学习氛围，对学生素质的全面发展起到了积极的作用，是培养祖国的花朵健康、蓬勃发展的基石。

玉兰花开，芬芳自来

——对"玉兰花芬芳"评价制度的看法

蔡琳桁家长：蔡丽琴

　　玉兰花，清新淡雅，沁人心脾。提起玉兰花，不禁回想起几年前第一天送孩子到学校参加入学训练时的情景。当时教室的屏幕上播放着郭校长的讲话，其中就提到"玉兰花"奖项，作为一名家长，对学校用心地制定出评奖制度来鼓励学生多方面发展、提高综合素质能力感到极其欣慰，再也不是"唯分数论英雄"了！

　　随着时间流逝，慢慢地了解昌黎路小学，才知道原来玉兰花是昌黎路小学的校花，学校用学习花、劳动花、安全花、礼仪花、环保花、技能花等代表不同意义的"玉兰花"来记录每一位学生小学阶段的成长经历和点滴进步，充分迎合了学生心理年龄特点并彰显学校特色。每一位学生不管在校内还是在校外，不管在哪一方面获得进步或取得成绩都可获得相应类型的"玉兰花"并记录于"成长卡"中。每学期期末时孩子都会带一张"成长卡"回来，家长从卡上的盖章可以清晰地得知孩子获得哪种玉兰花且得到多少朵花。学校统计每一位学生获得的玉兰花种类和数量并给予相应的物质、精神奖励，种类和数量越多，奖品价值越高、被授予的荣誉也会越高。学校所有评奖都与学生获得玉兰花的数量和种类密切挂钩，只有品德高尚、学习进步、多参加活动特别是公益活动的学生才有资格评为优秀学生。

　　每到学期末，孩子会跟家长说，看着台上领奖的同学，台下的同学们不约而同地都羡慕起获奖的同学，"多好啊""他们真棒""要是我能上台领奖就好了""我也想领奖"……许多同学暗下决心："我也要努力学习，也要上台领奖！""玉兰花"是一种荣誉的象征，同学们对"玉兰花"评价制度已经谙熟于心，在家也常跟父母交流，"妈妈，我今天得了一朵礼仪花"，"妈妈，我已经有五朵'玉兰花'了"。这样一种奖励制度给予孩子们视觉与心灵上的冲击，使他们清楚地知道，世间没有不劳而获的东西，也帮助他们设立一个目标，并为之努力。班级里的玉兰花墙，让同学们一目了然，帮助同学们了解自己的长处与不足，了解他人的长处以便树立起学习的榜样，营造一种主动学习、主动自我提升的氛围。而且，众多的"玉兰花"奖项，潜移默化中帮助同学们全面发展，提高综合素质，而不只是单纯地追求高分数。

一学期评一次的"玉兰花"奖项，对于低年级同学来说，一学期的时间或许有点长，如果能够在班集体中进行月评并授予小奖励，让同学们尝到获奖的喜悦，或许更能够起到鞭策、督导的作用。在我看来，能够有越多的同学获奖，班集体才更能形成你追我赶的积极氛围。还有，希望学校能够多开展一些文艺活动，设立有特色的社团，如合唱团等，让学生的学习生活更加丰富多彩，也为学生积极获取"玉兰花"奖项提供平台。

玉兰花开，芬芳自来，希望昌黎路小学能够以过硬的教学质量为基础，以奖项为跳板，帮助学生不断地超越自我，提升自我，能够有越来越多的学生与家长闻香而气爽。

玉兰花开，静吐芬芳

——"玉兰花芬芳·学生成长卡"有感

庄铭东家长：吕晓燕

从三年级期末开始，孩子总会带回一张淡绿色的成长卡，上面盖着几朵红色的玉兰花，每一朵玉兰花都记录了孩子本学期在某个方面的表现，每次孩子都如数家珍，这是我的"品德花"，这是我的"家政花"，这是我的"劳动花"……有时也会懊恼：这学期我得到的玉兰花只有寥寥几朵，看看某某同学，都有十几朵呢……在孩子的话语间，我才得知这张成长卡的作用。原来这是学校为了更有效地激励学生，充分调动学生的积极性，激发学生的潜能，新推出的"玉兰花芬芳·学生成长卡"奖励活动。作为一项彰显校本特色的素质评价方式，学校把学生在思想素质、文化素质、健康素质等方面的进步细化成品德花、身心花、技能花、实践花、艺术花、学习花、班务花、劳动花等多个种类，每一朵"玉兰花"代表着学生点滴的进步，鼓励学生从日常生活及学习的具体环节入手，通过"定花""争花""养花""颁花""护花"，不断为自己确立新的目标，发现自己的潜能，看到自己的进步。

孩子还告诉我，在班里，有一面"玉兰花儿竞开放"的公布栏，上面有每一位学生的照片，每周班会，班主任老师都会组织评比"玉兰花"。例如，献爱心、助人为乐，就能得到一朵"品德花"；掌握了一项才艺或本领，就能得到"技能花"；在艺术方面有突出表现的，就能获得"艺术花"……得到"玉兰花"的同学，老师就会在照片旁边盖上一枚红彤彤的"玉兰花"印章。这时候，周围同学都是一脸羡慕的表情。听了这番介绍，我也不禁对"玉兰花芬芳"这种新颖的评价方式颇感兴趣，开家长会的时候，我特意看了看这面玉兰花公布栏，感受到了学校教书育人的良苦用心。

评价一个学生，不再简单地以分数来衡量优差。分数至上，只会培养出一大批"两耳不闻窗外事，一心只读圣贤书"的书呆子，在提倡素质教育，鼓励学生全面发展的今天，我们希望孩子既知书更要明理，圣贤书要熟知，更要以健康、活泼、自信的精神面貌面对未来的一切挑战。结合新形势下教育发展的现状，准确把握学生成长心理，学校此举别出心裁，既突出了昌黎特色，很大程度上又激发了孩子们的积极性和主动性。孩子们一方面感觉形式很新颖，就能以更加主动的姿态加入各种形式丰富、生动活泼的争花行动当中，潜移默化，获得更大的进步；另一方面，孩子们也在活动当中发现自己身上更多的闪光点和更多的可能性，不再拘泥于"学习成绩好才是好学生"这个怪圈，无形之中，自信心也得以提高。

转眼孩子已经五年级了，两年多的争花活动，孩子受益匪浅。虽非出类拔萃，却也确实看到了孩子可喜的进步。每当看到孩子为之而做出的努力，我倍感欣慰。让孩子们明确努力的方向，就更有动力，我想这也是学校和家长的共同心愿吧。

正逢盛夏，玉兰绽放。缕缕清香，沁人心脾。每一个昌黎学子，都会铭记这一缕清香。玉兰芬芳，也将伴随他们在成长的路上，不断前行，力争上游，再创佳绩！

清风拂，玉兰香

陈韩滢

靥然而笑，心中如沐馥郁的玉兰花香。

——题记

悠悠踥蹀于公园内，翘首凝望深邃的夜空，星光璀璨，月亮仙子也正迈着婀娜的步子翩跹而来。

"多美的夜色啊！"我不禁发出感慨。

突然，"嘭"的一声，一位穿旱冰鞋的小女孩，跌倒在地。看来还是个新手，我刚想过去扶她一把，不想她迅速起身，又自在地穿梭起来。

女孩似乎摸着了门道，只见她弓着腰，降低自己的重心，双手也有节奏地摆动起来，滑行速度越来越快。她完全没有注意到，就在她前方不远处，有一对青年正在兴致盎然地攀谈着。如果她再这样径直冲过去，极有可能会撞到一起。撞击、跌倒、受伤、流血……我脑海中闪过了一幕幕。

我匆忙站了起来，却忽然止步了。与我无关，又何必多管闲事呢？况且，他们应该会自己注意到的，说不定是我想太多了。

一阵夹着花香的清风轻轻吹过，拂起我的发梢。我顺着尽头望去，那是一株偃卧于花坛的玉兰树，朵朵洁白无瑕的玉兰花迎风傲立，我受到了某种触动。

我回过神，急速向前奔去，边跑边叫嚷着，快要撞上的三个人这时才幡然醒悟。女孩试图放慢她的速度，两位青年也条件反射地闪到一侧，躲过了这场碰撞。

女孩子停下来后，捂着胸口喘着粗气，似乎还惊魂未定；两个男生则有点张皇失措，心有余悸。许久，他们才回过神来，纷纷向我道谢。

我笑逐颜开，又用大姐姐的语气说道："新手滑旱冰时，身旁一定要跟着大人，以保安全；步行时也要多注意。遇到突发情况，必须冷静沉着，思考应对方法。"他们点了点头。

我抬头，瞥见花坛上的玉兰树，那玉兰花开得更艳了，一如我心头那朵品德之花，已花苞初绽，香气馥郁。

花香盈我心

张晓炫

　　"玉兰花芬芳·学生成长卡"被分发下来，看着上面鲜红的"一等奖"，我笑了，往事一幕幕涌上心头……

　　玉兰花与我，一开始的故事并不和谐。

　　"捣鼓这些玉兰花干什么？我还不如多打两局游戏呢。"抱着这样的想法，我一放假便睡到日上三竿，一起床就手机不离身。一眨眼，便到了年关，我与父母回乡下探望奶奶。奶奶虽年事已高，身体却依然硬朗，经常下田锄地，时不时还会爬上小山坡看她栽种的杨梅树。

　　山里信号不好，手机、电视像蔫了的花，败下阵来。看我抱着信号不好的手机闷闷不乐，奶奶笑了："你们呀，整天躲在房间里玩手机，走，和奶奶一起去田里。"我不舍地放下手机，不情愿地站起身，跟在奶奶身后。

　　毒辣的太阳晒得路边的花草垂头丧气，我坐在田埂上，看着奶奶在田间挥汗如雨。不一会儿，奶奶的脸被晒得通红。她往田埂上一坐，"呼呼"地喘着气，脸上深陷的皱纹盛满了汗珠。歇了不到一刻，奶奶又站起来锄草了。不知为什么，我坐在田埂上没动，却觉得脸上火辣辣的烫。要不要去帮奶奶？我踌躇不定。

　　帮，不仅累，也没有什么好处。平日在学校劳动，还能获得"劳动花"，可现在是在乡下，就算帮了，也无人知晓。不帮，我像个大小姐一样坐在田埂上，而奶奶却累得直喘气。恍惚间，我似乎看到一棵棵玉兰树，在盛夏的操场上挺直腰杆，翠绿的叶子在阳光下闪闪发亮，努力绽放最美的花朵。

　　我似乎明白了什么。站了起来，默默走到奶奶身旁，接过她手里的锄头。奶奶惊讶地望着我，然后嘴角一勾，皱纹里满是笑意。

　　我没有想到，其实我和奶奶有聊不完的话，田间的乐趣，轻易打破了我们之间被电子产品建起的亲情隔阂。我没有想到，自己的举手之劳，却也能换来奶奶莫大的欣慰和满足。

那个下午，洒满了我和奶奶的汗水与欢笑。那个下午，我闻到了玉兰花的芳香，也领悟了"学生成长卡"的真谛。

玉兰树下我们成长

孙臻佳

　　玉兰花是我校的校花，以玉兰花为主题的评比活动更是开展得有声有色。玉兰花不仅开在校园的操场上，开在教室的红花栏上，还开在同学们的玉兰花成长卡上，更开在大家的心上。

　　最近，我接到了国旗下讲话的任务，主题是"学习《中小学生守则》，做文明小学生"。一时不知从何讲起，倍感压力，所以我决定到校园各个角落去走走看看。听，"老师好""对不起""没关系""谢谢"这些文明用语时时在校园内响起；瞧，铃声驻步、弯腰捡拾纸屑、乐于助人的身影常常在校园里出现……校园的变化真不小啊！我感慨万千，坐在书桌前奋笔疾书，写下了演讲稿。接下来便是练习朗读了，一想到要面对全校两千多名师生，我就感到腿软，心怦怦地跳，真怕辜负了老师的期望。此时，镜子中校服上绣着的那朵玉兰花似乎在鼓舞着我。是啊，这是多么难得的一个机会，任务完成得好还能评上一朵宝贵的玉兰花呢！对，再困难也要坚持下去。我平复了一下心情，拿起稿子不厌其烦地一遍遍练习着。几遍下来，我已经汗流浃背、口干舌燥了，拿稿子的手也麻了，但功夫不负有心人，在反复的练习过程中我终于找到了自信。

　　星期一，我站在国旗下，当所有人的目光聚集在我身上时，我有些紧张，也有点激动。当我讲完最后一个字时，现场爆发出雷鸣般的掌声，我心中那块大石头也终于落了地。啊！玉兰花，要是没有你昨日的激励，哪有我今天的成功！

　　在这里，玉兰花成了衡量一名优秀昌黎学子的重要标准。想要得到"学习花"，同学们必须更加刻苦学习；为了得到"劳动花"，同学们的劳动更有热情；为夺"竞赛花"，同学们更加积极投入到各种活动中去；主动做好事的同学，"公益花"也为他们绽放……

　　玉兰花已经成了同学们学习、生活中的一部分，玉兰花开，香溢校园。

我的玉兰花花园

陈　越

　　我有一座花园，那里开满了洁白芬芳的玉兰花。那是我生活中的一部分，我们都离不开彼此，它让我收获了很多很多……

　　我像一个园丁，细心地照顾它们。每天为它们浇水，施肥……渐渐地，它们开满了整个花园，很香很香……

　　第一次听说这个活动时，我心里充满了疑惑，十分好奇。我领到了一张空白的玉兰花卡，这便是花园的起初了。但要想让玉兰花绽满花园，显示出勃勃生机，这就得靠我自己的努力了。

　　"我会是一个好园丁的！"我要做一个更好的自己。有了这个活动后，我也发觉自己逐渐进步了：上课时我比平时更加认真，认真倾听老师所讲的每一句话，每一个字，仔细做好课堂笔记；写作业时，不再马马虎虎，三心二意，而是用心地写好老师布置的作业，做完后还不忘检查，做到书写工整，因此，我的成绩大大提高，花园里第一朵玉兰花绽开了笑脸。我平时很少参加班级活动，当别人在盼望老师叫到他时，我却在一旁默默地祈祷老师不要叫到我的名字，有了玉兰花后，渐渐地我也开始融入这个温暖的集体，整个人开朗了许多，和同学一起出黑板报，还获得了一朵带有浓浓艺术气息的玉兰花。在班级里，守好自己的岗位，轮到我值日时，我会一丝不苟地把教室打扫得干干净净；收作业时，会将每个人的作业本整理登记好后才交给老师，这样，又有一朵芬芳的玉兰花诞生在我的花园里。见到老师、长辈不再腼腆，礼貌主动地向老师、长辈微笑问好，不仅得到了老师、长辈的表扬，还收获了一朵"礼仪花"……

　　虽然当一个好园丁很辛苦，但我觉得很快乐：每一朵绽放的玉兰花上都有着晶莹的露水，不，那不是露水，是我的汗水，看着它们茁壮成长，感觉很美好，很有成就感，觉得自己的付出是值得的。我也明白了一个深刻的道

理：只有付出才会有收获，付出多少，收获多少，不经历风雨，怎会有美丽的彩虹？通过自己的努力得来的玉兰花在我的眼里是最美丽动人的，是最芬芳扑鼻的。

自从当了园丁开始照顾这群可爱的小精灵之后，我的坏习惯也改掉了：我以前一直很懒惰，不愿意打扫自己那乱糟糟的房间，地板上这里丢一本书，那儿丢一本书，桌子上更加惨不忍睹，被子像个粽子一样，导致自己常常丢三落四的。有了这个花园后，我开始变得爱劳动，爱干净了，自己打扫房间，整理书柜，把被子叠好，东西用完后便归还原位，这样就不怕找不着了。整个人也因不再丢三落四而看起来更有活力了。

微风拂过玉兰花，卷起了几片花瓣，风中夹着玉兰花芬芳的气息，那芬芳中还带着园丁的喜悦。试着将耳朵靠近每一朵花，你听，它们在告诉你它们的名字：学习、艺术、劳动……

玉兰芬芳满校园

庄若煊

作为我校校花的玉兰花，是最先听到春天脚步声的花，明代诗人沈周曾有诗"翠条多力引风长，点破银花玉雪香。韵友自知人意好，隔帘轻解白霓裳"来形容玉兰花在乍暖还寒的阳春三月就顶着寒气破蕾展苞，绽放出朵朵洁白的花。它不选择在温暖舒适的暮春中吐艳，却在冷雨中挺立，在寒风中怒放。无论高缀枝头，还是飘落在地，始终保持着纤尘不染的品格。它代表的是一种敢于冒险、勇为人先、不怕困难、永远进取的积极精神。为了让同学们在学校里学习知识的过程中能不断完善自我、超越自我，做一个像玉兰花一样的好学生，学校从 2015 年就开始开展以"玉兰花芬芳"为主题的评奖活动。

"玉兰花芬芳"的活动开启以后，全校每位学生都拥有自己的一个"玉兰花园"，为了不让自己的"玉兰花园"只开出单一品种的玉兰花朵，同学们都争着亮出了看家本领，那真是八仙过海，各显神通。于是，我也很快进入争花的备战之中，虽然玉兰花的品种很多，但在茫茫的花海中，我却偏偏选中了一朵极其稀有的品种——礼仪花。为了顺利地把这朵玉兰花带到我的"玉兰花园"中来，马上我就给自己制定了行为规范：一是尊师重教；二是遵守校规；三是注重礼仪。计划制订后我开始在课堂上认真听讲，不开小差；碰到老师不管认不认识，我都面带微笑问声"老师好"；遇到同学需要帮忙我也义不容辞。在不知不觉中，我把各种礼仪渗透在我的生活当中。渐渐地我发现整个班级的礼仪也都悄然地在改变，我也得到老师的青睐，终于，在第一次玉兰花奖的评定中，我把梦寐以求的"礼仪花"带到了我的"玉兰花园"中，为"玉兰花园"增添了一番新的景象。而我也开始为迎接我的第二朵花、第三朵花……时刻保持最佳的备战状态。

当"玉兰花园"里的花朵到一定数量的时候，就要开始学会保养它们，

不然辛辛苦苦争取得来的花朵，一不小心就会枯萎。想要"玉兰花园"里的花朵品种不单一且不枯萎，那就必须在原有的基础上保持并进步，好的习惯要保持，坏的习惯要改正，争取做得更好一些。为了更好地养护它们我竭尽所能，彻底改变自己。于是，我选了一朵更加稀缺的品种——纪律花，这朵花的特点就是你不仅在课堂上纪律要好，还要在学校里遵守各种规章制度，严格控制好自己的行为规范。它与"学习花""班务花"相比，要难得到得多。但再难我也要闯一闯，于是我克服了自身存在的种种坏习惯，使通向"纪律花"的道路变得畅通无阻。功夫不负有心人，经过不断的自我完善，"纪律花"也顺利到了我的"玉兰花园"中。花园里又增添了新的生机，我在小心养护的同时也开始向新品种的花朵挺进。

花园里的花即使再用心养护，也总有遇到害虫的时候。就像我再怎样去完善自己，也有不足的时候。但是，花遇到虫害有杀虫剂可以除，我遇到坏毛病，也会有法宝可以制服它，那也是"杀虫剂"——决心。我相信只要我有坚定的决心，我就能一天一天慢慢地把坏习惯都改正过来。真正做到超越自我、完善自我，到时候我就能保护好我"玉兰花园"里的每朵花，还能让花园里的品种多增加几个，让整个花园都充满春的气息。

通过"玉兰花芬芳"活动，我收获的不仅是满满的"礼仪花""纪律花""学习花""班务花"，而且是怎样尊重他人、怎样帮助他人、怎样克服困难、怎样取得进步……同时我深深地体会到，这项活动充分表现了同学们不怕困难、勇于进取的玉兰花精神以及老师们的良苦用心。希望"玉兰花芬芳"的活动能够继续推行，让更多的同学在玉兰花的精神带领下不断地完善自我、超越自我。让玉兰芬芳满校园！

玉兰花儿竞开放

马粤臻

"净若清荷尘不染，色如白云美若仙。微风轻拂香四溢，亭亭玉立倚栏杆。"正如诗句所描述的，白玉兰是纯洁的花儿，它有着白玉一般的颜色和高雅的气质，以自己的馨香，舒缓着人们的心情。玉兰花，是潮州市的市花，也是昌黎路小学的校花，自2015年学校开展"玉兰花儿竞开放"这个活动以来，同学们都像朵朵玉兰竞相"开放"，整个校园也变得"香气四溢"了。

我们学校的"玉兰花"有很多种，有学习花、班务花、礼仪花等。上学期，我在自己的努力和老师的鼓励下获得了8朵"玉兰花"，其中，有两件事我记得最清楚。

那一次，五年级要举办语文知识竞赛，大家都摩拳擦掌，准备迎接初赛，我也做了积极的准备。两天后，老师要公布班里的参赛人员名单，当时，大家都很紧张，都希望自己能去参赛，但僧多粥少，只有5个名额。幸运的是我获得了参加知识竞赛的资格。因此，我获得了一朵美丽的"玉兰花"。转眼间，两个星期过去了，决赛终于来了，我满怀信心地参加比赛并获得了二等奖和一朵"玉兰花"。后来，我又获得一朵最难得的花——礼仪花，它让我有了新的改变。

还有一次，我们班举行了一次卫生大扫除，我和其他5位同学忙了差不多1个小时，累得腰酸背疼。但是，有付出就有收获，我得到了一朵班务花。

由于我的努力，我获得了"玉兰花"二等奖，我希望下次还能获奖！在这一年中，"玉兰花"一直在催我奋进，同学们也因"玉兰花"评选活动而变得"净若清荷尘不染"，我们的校园也因此"微风轻拂香四溢"。我相信在老师和同学们的辛勤灌溉下，"玉兰花"将绽放得更加美丽、更加灿烂。

玉兰花争芳

黄欣彤

迈进校园，一股玉兰花香扑鼻而来。玉兰花开了，开得如此美好。洁白的花朵，恬静地绽放，有一抹淡淡的、独特的清香。校园里处处洋溢着喜庆的气氛，楼道、栏杆、大门粉刷一新，教室面貌也焕然一新。自从学校开展"玉兰花芬芳"活动以来，玉兰花精神渐渐融入我们的学习和生活中，它们正是我们成长的目标和要求，是同学们都要不懈努力去争取的荣誉之花。同学们纷纷用实际行动来证明自己，一次一次地超越自己。不知不觉中，我们的坏习惯改掉了，学习兴趣浓厚了，同学之间的友谊加深了。是啊，玉兰花就是我们前进的动力，陪伴我们茁壮成长。

记得我刚接到学校值日队任务的时候，辅导员为了加强校园安全纪律监督，一共设了十几个执勤岗位，有楼层管理、校门管理、操场管理等。每当下课铃响，我就马上来到岗位，用敏锐的眼睛观察课间情况，发现不良现象及时提醒；如有屡劝不改的同学就登记在册。有时候，低年级的小同学比较淘气，喜欢打打闹闹，互相追逐，不懂得这样做很危险。我只能使出浑身解数，先是严肃而礼貌地制止，再以大姐姐的语气苦口婆心地劝导。如此下来，他们一个个无不心服口服，知错就改。

我在楼梯认真值勤，丝毫不放过任何一个小细节。我笔直地站在那里，就像一棵挺拔的松树，因为我记住了老师的话"别人如何是他们的事情，而你的言谈举止代表了班级和学校的形象，一定要做同学们的好榜样"。虽然，站久了，腰酸背痛，可我还是坚持站在楼梯口，向每位经过的老师送上一句温暖的问候，我会让这朵礼仪之花永远绽放。因为，当我们自己行得正，站得直，并且感染到身边的伙伴，帮助到他人的时候，是一件多么值得自豪的事情啊！这时，我好像闻到了一股清甜的玉兰花香。

玉兰花那娇柔的花瓣、秀雅的花蕾、优美的花型、洁白的花色，一切都是那么自然、纯洁，透着和谐的美。"播种好行为，收获好习惯"，让"玉兰花"竞相开放吧！

刻玉玲珑，吹兰芳馥

林弋力

　　玉兰花，它是简单而又纯粹的花，它有着玉一般的质地和高雅。它高高地绽放在枝头上，虽只是一朵朵白得有些清透的花，却在昌黎学子的心中开出各种各样的花朵。

　　在玉兰花"争花行动"中，我学会了乐于助人，学会了认真听讲，学会了热爱劳动。在玉兰花的陪伴下，不断为自己确立新的目标，发现自己的潜能，看到自己的进步，证明自己的成功。

　　以前的我是一个粗心大意，做事虎头蛇尾的普通小学生。遇到师长只会安静地走开；老师让同学们主动打扫卫生时，我也只是默默地看着，从不主动参与。自从学校举办了"玉兰花芬芳"评价活动以来，在老师的激励下，我决定让自己的"小花园"百花齐放。从此我做任何事情之前都会细心观察、认真思考，力求把每件事情都做得更加完美。不仅改掉了粗心大意的坏习惯，而且也懂得做任何事情都应该坚持不懈、持之以恒。不管在校内还是校外，每当我遇到老师和长辈，我都会走到他们面前，大声地向老师和长辈打招呼。不久之后，我的"小花园"里盛开了一朵"礼仪花"。当老师让同学们主动打扫卫生时，我都是第一个把手举得高高的，主动参与劳动，并在劳动中挥洒着快乐的汗水。不久之后，我的"小花园"里又盛开了一朵"劳动花"。课堂上，我认真听讲，老师提问时，我积极举手发言。我的"小花园"中又盛开了一朵"学习花"。当同学遇到困难时，我会向他们伸出援助之手；当同学遇到难题时，我会认真为其解答；当同学生病时，我会走到他身边，给他安慰……我的"小花园"中又盛开了一朵"品德花"……

　　经过一学期的坚持与努力，我的"小花园"中开出了各种各样的花朵。从那以后，我对自己充满了信心，因为我知道"坚持就是胜利"。不过我还要继续努力，让自己成为一名更优秀的小学生。"虚心使人进步，骄傲使人落后"这句话也一直牢记在我心中。

　　玉兰、玉兰，你是纯洁的校花，在你芬芳的花香熏陶下，我懂得了怎样做才能成为一名优秀的小学生，你一直伴随着我的成长。

玉兰花在我心中绽放

张梓博

玉兰花纯洁高雅、洁白无瑕，不与百花争颜色，却把芬芳洒人间。它是我们昌黎学校的校花，扎根在校园里的每一个角落，而今更扎进了每个昌黎学子的心中，绽放出"礼仪花""品德花""环保花""技能花""公益花"等各种各样的花朵。

玉兰花扎根在我的心里，从此，我的心里便有了一座属于自己的花园，我成了一个辛勤的园丁。每天，我都在自己的花园里种花、护花、养花。让自己的花园百花齐放，让花园更加漂亮、芬芳。

记得那一年，学校重新换班的时候，我原本是一个不喜欢和老师、同学打招呼的人。换了不认识的老师和同学，仿佛又回到了我刚到学校时的样子，既不喜欢和同学交流，也不喜欢和老师打招呼。这一年，学校开展"玉兰花芬芳"评价活动。我改掉了许多坏毛病，克服了许多困难，也取得了很多成绩。"劳动花""品德花""环保花""技能花""公益花"等相继在我的"花园"里落地生根，竞相开放。可是，由于我还是没能改掉不喜欢与人打招呼的坏习惯，因此，我的花园里一直没有一朵"礼仪花"。看着别人"花园"里的"礼仪花"，我好羡慕啊！于是，我暗暗下定决心一定要做个懂礼仪之人。我开始主动与同学、老师打招呼，慢慢改掉了懒开口不打招呼的坏习惯，并在老师的鼓励下慢慢敞开心扉，成了一个阳光、快乐的少年。终于，在一次评花活动中，我的"花园"里迎来了"礼仪花"。我还因此被评上三好学生。看着花园里花儿朵朵开，我的心里好甜好甜。我告诉自己今后一定要更加努力，让花园里的花儿更加灿烂。

玉兰花，感谢你帮我改掉了那么多的坏习惯。我要对你说一声"谢谢"。谢谢你让我明白了成绩好并不能称为优秀学生。一名优秀的学生更要具备良好的品质，要热爱劳动、懂礼仪、有爱心、有责任心……玉兰花你永远在我心中绽放。

品玉兰花芬芳，树美好品格

龙欣洁

玉兰花，是我国一种古老的花卉。它拥有无比高洁的气质和无私奉献的品质。自从学校开展"玉兰花芬芳"活动以来，我们渐渐将玉兰花融入日常的学习和生活中。同学们通过"争花""养花""护花"等活动，纷纷用实际行动来证明自己，不断提高自己、超越自己。不知不觉中，学习成绩提高了，良好行为习惯养成了，老师和家长的表扬变多了，大家的笑容也更加灿烂了。

我家门前就有一棵玉兰树，以前一直觉得它平淡无奇。一天中午，我突然闻到一股沁人心脾的香味。于是，我走到玉兰树跟前，使劲嗅了嗅，没有什么香味。但走远了，却又闻到了那股香味。是的！玉兰花虽然没有牡丹那么高贵，却有着超凡脱俗、高洁清丽的气质。它之所以掩盖了它美好的东西，是因为它在黑暗中默默地奉献着。这让我不由地感到，我也要像玉兰花那样无私奉献、乐于助人。

在"玉兰花芬芳"评价活动中，全班同学都踊跃地参加。我也努力地争取到"礼仪花""劳动花""品德花""学习花"等。到了学期末，我获得了9朵玉兰花，得了个"二等奖"。

通过这个活动，让我体会到了无论做什么事都要认真，用心去做，无论结果如何，只要自己努力了，就会有所收获。玉兰花那种无私奉献的精神时时激励着我奋发向上。

为闻花香，静候花开

陈森越

学校自从开展"玉兰花芬芳"评价活动以来，我就暗暗下定决心，一定要努力争取到各种玉兰花。

"玉兰花"评价活动中，有一种是"学习花"。我为了在学习上争得这朵花，苦下了一番功夫。以前我在学习上总存在着粗心的现象，写作业时经常是写了前面，中间忘记看题就直接写后面了；有时抄题写题总是看错字或抄错数字。为了在学习上能做得更好，我努力改正粗心的毛病，时刻提醒自己要细心，做题要认真。课余时间我喜欢阅读，积累了大量词句，增长了知识。慢慢地，我在学习上有了很大的进步，"学习花"因此也开得很旺盛。

另一朵是"班务花"。以前我做什么事都不上心，也不够积极，很是被动。自从有了争花活动后，老师选我为图书管理员，我做得可认真了。每天我都专心地整理好书籍，时刻记得哪些同学借了书籍，督促他们要保护好书，阅读后要及时归还，我把它们及时整理，整齐摆放到图书角。轮到我值日打扫卫生的时候，有时在扫帚扫不到的角落，我都会用手去把垃圾拿出来。所以，在我的努力下，终于也争取到了一朵"班务花"。

还有"礼仪花"，以前读一年级的时候，我进校门不懂得要向老师问好，不懂得要跟同学互相问候。但经过这次活动后，我不仅改变了以上做法，养成了讲文明、懂礼仪的行为，还将礼仪带到了校外，主动帮助一些需要帮助的人，回家也孝敬起长辈了，爸爸、妈妈都高兴地夸我变了。

功夫不负有心人，经过一年半的努力，我获得了很多品种的花儿，闻到了花香，摘取到了"玉兰花芬芳·特等奖"。这个奖项来之不易，在这个活动过程中，我的胆量变大了，人变得热情有礼貌了，一次又一次地超越自己，改掉了很多坏习惯。我会继续努力下去，让玉兰花开得更加芬芳！更加迷人！

玉兰花伴我成长

何格智

2015 年以来，学校开展了"玉兰花芬芳"活动。通过这个"争花""养花""护花"的活动，让同学们踊跃参与，争取德、智、体、美、劳全面发展，获得更大的进步。

二年级第二学期，我得了三等奖，看到班里有些同学拿到了二等奖、一等奖，甚至是特等奖，我当时十分羡慕，心中暗暗下了决心：下次我一定要比这一学期得到更多的玉兰花。暑假过后，我一定要改掉这些坏习惯：上课开小差、作业马虎、书写不工整、在家懒惰等等。从此，我上课的时候，专心致志地听老师讲课，认真思考，遇到不懂的问题及时请教老师和家长；做作业的时候，不再搞小动作，不再拖拖拉拉……特别有两个地方，我觉得自己跟以前大不一样了。

第一个是我变得爱劳动了。以前在家里，所有的事情都是父母帮我做，他们平时工作很忙，回到家不仅得做家务，还得照顾我和妹妹，太辛苦了，我自己的事情应该自己做，要学着帮他们分担家务。于是，我每天整理好书架、叠衣服、扫地、帮妈妈洗碗，星期天还给妹妹洗书包、洗鞋子，每次看着自己收拾干净的房间，我都很有成就感。

第二个是我上课更加认真了，特别是我最感兴趣的美工课。在老师的指导下，我每次都陶醉在手工的世界里，做的手工也经常得到老师的表扬，老师还用照相机把我的作品照相保存了起来呢！

上个学期，我终于得到比以前更多的玉兰花，也获得了"玉兰花芬芳·二等奖"，当老师宣布获奖结果的时候，我好开心啊！我心中的"玉兰花"又在暗暗地绽放了：不要骄傲，要继续努力，争取下学期得到更多的玉兰花！

现在，在"玉兰花"公布栏上，我的小花的数量正在慢慢变多……

实践篇

雨中即景

陈静蓉

周末的下午，购物回家的我提着大包小袋走在路上。入秋的天色暗得很快，许多商铺都亮起了灯火。不知何时，淅淅沥沥的小雨悄然而至，我没带雨具，只好加快了脚步。

拐过街角，我突然停下了脚步。这是一个交通复杂的路口，大道和小路相互交叉，却少了红绿灯的监管。雨突然大了，人群和车流开始慌乱起来，大家争先恐后过路口。无奈，我只能在商铺屋檐下避雨，望着眼前车水马龙的景象发呆。雨越下越大，像泼、像倒。朦胧的雨帘中，我看到了一抹耀眼的蓝色，定睛一看，原来是一位交警，披着透明的雨衣出现在忙乱的人流中。

我认真地看着雨中的那抹蓝色。他不顾淌在脸上的雨水，不管那肆无忌惮往衣领里钻的雨珠，认真地指挥着交通。一个转身，一个手势，一声警哨……他忘我地指挥着，全然忘记了那沾满雨珠的额头和已经被打湿的裤脚。这时，一位撑着雨伞的老人家蹒跚而来，交警忙拦住了一侧的机动车，给老人家让出了一条绿色通道。慌乱的交通在他有条不紊的指挥下渐渐变得畅通。看着这一幕，我的心泛起了圈圈涟漪……

我曾感动于"最美司机"吴斌于生命危难之际，76秒的坚守；感动于"最美妈妈"吴菊萍千钧一发之时，母爱本能力量的迸发。可我天真地认为，这些美丽只存在于荧幕。这一刻，我才惊觉，美其实并不遥远，它就在我们的身边。平凡普通的红绿灯旁就是最美的一处角落，那里有交警叔叔忙碌的身影。他们默默无闻，不舍昼夜维持城市交通秩序；他们尽职尽责，不管严寒酷暑坚守工作岗位，为民服务。他们用自己的爱为我们的城市筑起一道亮

丽的风景线。

　　雨渐渐小了，有节奏的哨声告诉我行人可以过马路了。我慢慢地走过去，报以交警叔叔一个真诚的微笑。

　　　　　　　　　　（2015 年潮州市"美在身边"头条精品赛征文小学组一等奖）

美在凤城

陈静蓉

　　呼吸着清新的空气，聆听着鸟儿悦耳的啼啭，伴随着缕缕清风，带上照相机，我迈着轻快的步伐走进了潮州牌坊街的大门。

　　初入牌坊街，街道独特的建筑风格便使我大开眼界，沿街的骑楼商铺颇具民国风情，统一的立面建筑和木制闪门古色古香，与新城区大街的风格截然不同，两侧商铺摆放着琳琅满目的潮州小吃和小玩意儿，让人目不暇接。虽是潮州人，但这也是我第一次认真地欣赏牌坊街的美：古牌坊的柱子、盖顶及装饰均由花岗岩石构成，浑然一体。建筑技术精湛，石构件的雕刻十分精美。坊额题字，或三字，或四字，书法风格遒劲雄浑，如龙蛇盘绕、似鹰隼雄立……慵懒的阳光铺在鳞次栉比的牌坊上，整个街道更显美轮美奂。

　　信步来到状元坊，我停下了脚步。细细端详着这座曾令无数读书人心驰神往的牌坊。状元坊与其他的石坊迥然不同，它为四柱三间三楼的石坊，走近额坊一看，上面雕刻着龙、麒麟等吉祥灵物，正中为一双面镌刻行楷"恩荣"二字竖额的花肚。我为石坊上的雕梁画栋着迷，也为牌坊街的宏伟壮观感到吃惊。

　　我继续漫步在牌坊街上，同时也为牌坊街的古色古香与韵味啧啧称奇。正当我手拿相机沉浸在美好的遐想中时，脚下突然一滑，不由得趔趄了几步，却被什么给止住了。忙转过身，只见一位阿姨，被我这么一撞，手里提着的一篮子菜，掉了一地。我一脸愧疚，忙说："对……对不起。"本以为对方一定会数落几句，没想到却迎来她宽慰的一笑。阿姨和气地说："没事儿！"与此同时，我们都弯下腰捡起掉了一地的菜。送走阿姨，我的心泛起涟漪，她用一颗关爱宽容他人的心，维护了一个冒失小孩的尊严，人心之美更醉人、更暖心。

一阵清风扑面，我深深地吸了一口气，今天我发现了凤城潮州不仅山水美，景点美，人情更美。站在状元坊下，我给自己拍了一张照片，照片的名字叫"美在凤城"。

（刊登于《小学生周刊》）

门前旧景换新颜

庄培煌

印象中，位于城郊的我家，门前有一片空旷的绿地，那是我孩提时代玩耍的小天地。曾几何时，门前不远处一块空地被当作垃圾回收点，自此如山的垃圾便成了我的"近邻"，一住就是好几年。

从那之后，我出入家门总要经过那堆散发着恶臭的垃圾山，最烦的是下雨天，门口变成水沟，垃圾漂得满地都是。踏出家门，一股酸臭味让我刚填饱的肚子一阵翻腾。好不容易跃过水沟，一辆摩托车便贴着我疾驰而过，我一个趔趄，裤子上便绽开了几朵"花"，本来乌云似的心情瞬间又抹上了一层黑。

两年前的某一天，回收垃圾的清洁工勤快的步履终于踏进我们这一带，我和家人都轻舒一口气，终于可以摆脱开门见"山"的日子了。可惜好景不长，虽然清洁工人还是每天固定挨家挨户地收垃圾，可还是有些顽固分子习惯把垃圾丢到垃圾回收点，那座小山仍旧岿然不动。

今年4月的某个周末，从梦中醒来的我咂咂嘴，习惯地望向窗外，只见一位环卫工人正一铲一铲地将垃圾堆铲进斗车。雨点兀然地浇头而下，而环卫工人却全然不顾突如其来的雨，仍娴熟地收着垃圾。不一会儿，垃圾装进了斗车，门前的垃圾山终于被移走了。我一阵雀跃，近期市委书记"三治"的号角长鸣，电视上、广播中、手机微信里"我爱蓝天碧水"的声音不绝于耳。看来，政府与群众合力才能发挥作用。

父亲怕垃圾山死灰复燃，和邻居们商量着在原来垃圾回收点处搭起一个小花圃，这样有些不文明的顽固分子见状，总不好意思再添脏加乱了吧？于是大伙儿你添砖我糊墙，你出一盆花，我捐一盆草。在大家的齐心协力下，一个简单而美丽的花圃就这样建成了。我又灵机一动，在一块木牌上写下"环保非小事，美化靠大家"的标语，立在花圃前。

门前旧景换新颜，人们生活笑盈盈。环保事业无巨细，只要我们每个人心系环保，自觉为建设美好家园贡献自己的力量，那么我们共享着的碧水蓝天，一定会更加美好！

（2015年"乡土——寻找家乡故事"全市中小学生征文比赛小学组一等奖）

梦见妈妈

蔡林灿

躺在床上辗转难眠，明天就是"星河杯"总决赛了，指导老师的教诲还一直在脑海里萦绕：选材、构思、立意……我在心里反复告诉自己别想太多，赶快入睡，可越是着急越睡不着。

夜更深了，床边的闹钟嘀嗒嘀嗒地响着。不知何时，门被轻轻推开了。朦胧中，我瞥见一个熟悉的身影走了过来，把脸凑过来瞅了瞅我。我定睛一看，是妈妈。"怎么还不睡？"妈妈关切地问。找到可以倾诉的人，我竟鼻子一酸，投进了妈妈的怀抱，撒娇着说："我睡不着觉，总在担心明天比赛发挥不好。"妈妈的脸上浮起一丝微笑，她用手轻轻地摩挲着我的头，又捏了捏我的脸，"傻孩子，比赛前越是紧张越发挥不好，你应该把这次比赛当作一次锻炼的机会，不要去想结果，再说你在我心中一直都是第一名……"妈妈一边鼓励我，一边细心地帮我摆好歪掉的枕头，扶我躺下，又帮我拉上被子。她的声音是那样温柔，好像一曲轻柔的催眠曲，伴我慢慢进入梦乡。

第二天，阳光洒满窗台。我揉了揉惺忪的睡眼，往窗外望去，一轮朝阳正徐徐升起，仿佛也在我心中升腾，我顿时信心倍增。考场外，我对妈妈说："谢谢您昨晚对我的鼓励。""昨晚？昨晚我太累了，早早就睡了呀，你做梦了吧！"妈妈有点摸不着头脑。

我恍然大悟，原来是一场梦！妈妈还想追问什么，我微微一笑，迈着坚定的步伐，走进了考场。

（第六届潮汕"星河杯"作文赛总决赛小学组三等奖）

原来我没懂

罗 彦

"叮铃铃——"随着一阵下课铃响，同学们从校园里鱼贯而出。那是一个下着瓢泼大雨的下午。大家都穿着花花绿绿的雨衣，校园里又多了一道风景，然而我却无心欣赏这别样的风景，因为我没带雨具。

我焦急地站在校门口等待父亲，可父亲却迟迟没有来，我只能干跺脚。终于，他来了。我长舒一口气，可父亲却把雨伞扔给我，自己头也不回地骑着摩托车走了！那一刻，我的心好像被针刺了一下，整个人怔住了，只能目送父亲的身影在雨帘中渐行渐远。

我孤独地走在路上，虽然撑着雨伞，但斜溜而下的雨还是打湿了我的衣角。更让我愤愤不平的是，比起朱自清先生笔下那个饱蘸着父爱的背影，我的父亲却留给我一个冷漠的背影。下着这么大的雨，他明明可以载我回家，却把我一个人留在了雨里。我越想越气，空虚无助充满心头，特别想哭！

傍晚回到家，从半掩的门缝，我听到了父母的争执。"你没去接女儿吗？为什么她一个人满身雨水地回来？""唉，她该学会独立了！不能什么都惯着她。我就去送雨具，让她自己走回来，没想到她那么不懂事，回来后一直没给我好脸色。要知道一路上我可是一直跟在她后面，看着她安全回到家的呀！"……一瞬间，一股酸酸的味道涌上我的鼻头，我的心湖也泛起一圈圈涟漪，想到父亲平时对我的种种，其实也是另一种关爱啊！

原来我没懂，没懂那份默默无闻的父爱。现在，我明白了：父爱无言，却也一样伟大。

(刊登于《小学生周刊》)

让我们携手共创美好家园

胡若钰

亲爱的爸爸、妈妈：

你们好！

当清晨的阳光映在您的脸上，您兴奋地走在路上，映入眼帘的却是满地垃圾时，您会怎么想？之所以会这样，是因为路边的垃圾桶被那些无知的人任意毁坏，却没有人去制止。即使有垃圾桶，那也只是摆设，大家全当它是空气，仍然随手乱丢垃圾，人人都会说："垃圾也有自己的家，请你送它们回家吧！"可我们做到了吗？

当您悠闲地在广场散步，却看到那草坪上的脚印时，您会怎么想？绿化带为广场增添了生动的色彩，可是偏偏有人去破坏，你踩一脚，我踩一脚，绿化带中间竟踏出一条条小路，被我们折腾得伤痕累累。小草也是有生命，有感情的，您走了，它疼了。

当您在散步，或和亲朋好友喝茶聊天时，看到那被污染的韩江水时，您会怎么想？那是由于污染严重，城区生活废水不经任何处理直接排放到韩江，人们把垃圾随手扔到韩江，造成了严重的污染。水是生命之源，如果照这样发展下去，迟早有一天，生命之源便会枯竭，我们的母亲河便会臭气熏天。

当我们牵着手走在潮州的大街小巷时，看到的却是卫生死角上堆满的垃圾和随手丢掉的食品包装袋，您又想到了什么？那是由于我们环保意识不强，把食品包装袋、小纸屑随手丢掉，让美丽潮州穿上满是"补丁"的衣服。爸爸、妈妈，潮州是我们的家，我们得爱护自己的家呀！您会让您的家到处都是"补丁"吗？

潮州是我们的家乡，我爱自己的家乡，爱这山美水美人更美的地方。吹响"六城同创"的号角后，这片养育了我们的热土，我们可爱的家乡，必将更加靓丽迷人，我由衷地为她感到高兴！

　　置身我们美丽的家园，您可见河水清清；树木葱茏清静幽雅；公路旁的路灯如璀璨星辰照亮道路。清晨，晨练的人们与初升的太阳交相辉映；中午，熙熙攘攘的人群与过往车辆相映成趣；傍晚，跳广场舞的阿姨与劲爆的舞曲配合默契；夜晚，万家灯火与静谧夜空形成一幅美妙的画卷。这是多么温馨祥和的家园呀！可是，当我们尽情享受这安宁、繁华、惬意的生活时，是否留意过家园受到的伤害，在她的身体里到处可见我们随手丢的烟头，随口吐的痰，随便扔的垃圾，随时的占道经营，随意停放的车辆，随心攀折的花木等等，这些有意无意的举动让她原本鲜活壮丽的身躯变得伤痕累累，不忍直视！

　　我们每个人都希望有个温馨、祥和、美丽的家，如果这个大家庭被损害了，空气被污染了，环境被破坏了，请问，您还愿意生活在这里吗？

　　家园像个母亲一样抚育着我们。生活在她的怀抱里，怎么忍心去把她漂亮秀丽的衣装弄得污秽破旧？怎么忍心去把她宽阔平整的马路弄得拥堵不堪？怎么忍心去破坏她的花草树木让她风采不再？也许大家明白，自己的命运与家园紧紧相连，她毁了，我们的生活也将失去着落。而今，"六城同创"工作正在如火如荼地进行着。现在的潮州，街道更整洁了，环境更优美了，市民更文明了。作为潮州的主人，我们都应该积极行动，争做"六城同创"的实践者。要自觉遵守社会公德和《中小学生日常行为规范》，讲文明语言，行文明礼仪，养文明习惯，树文明形象，做一名友爱向善的现代小公民。要积极参与"六城同创"实践活动，从自己的一言一行做起，从身边的小事做起，管住我们的口，不随地吐痰，不说粗话；管住我们的手，不乱扔垃圾，不打架斗殴；管住我们的脚，不践踏草坪。我相信，经过我们大家的共同努力，一定能够实现"六城同创"的宏伟目标，一定能够营造出一个山清水秀、文明和谐的新潮州。相信不久的将来，我们的家园会变得更加美丽！

　　爸爸、妈妈，为了我们的健康，让我们携起手来共创我们的家园。使环境更洁净，空气更清新，天空更湛蓝，家乡更富饶。

　　祝生活幸福！

您的孩子：胡若钰

2017 年 8 月

　　（潮州市"爱潮州·一起来——亲子携手共建美好家园"书信征文活动一等奖）

给爷爷、奶奶的一封信

陈铉冰

亲爱的爷爷、奶奶：

你们好！

爷爷，从我放暑假时您就跟奶奶说想回乡下住上一阵子，看望一下老邻居和老朋友们。算起来您跟奶奶都回去一个多月了。

暑假里，妈妈老是让我也回去跟你们住几天，可是我一想到乡下的大蚊子、大苍蝇，还有我们屋后那条臭水沟就不由地打颤。还记得去年中秋节我跟爸爸妈妈回乡下跟您和奶奶团聚时我们吃饭的情景吗？我们一家人在饭桌上吃饭，一只大苍蝇老是在我们头上盘旋着随时准备定点"降落"，爸爸看得都没心思吃饭，挥动着手中的筷子，我更是一跳就跳到椅子上拿着抹布当"战旗"挥舞着帮爸爸助阵。

吃过饭以后妈妈让我去村头扔垃圾，您马上把我手中的垃圾桶接了过去说："村头的垃圾站太远了，走去太麻烦，就扔屋后沟里就行了。"我听了以后抢着把您手中的垃圾桶接了过来说："爷爷，奶奶说以前屋后沟里的水清澈无比，爸爸说他小时候就是在屋后的水沟里学会游泳的，奶奶以前也是在屋后的沟里洗衣服的，可是现在为什么它会变成一条恶心的臭水沟？再也没有以前清澈的水源？就是因为大家都像您一样怕麻烦，老是把垃圾、杂物随手往屋后沟里一扔，刚刚我们吃饭时才会有那么大一只苍蝇。"奶奶听了以后直夸我是个好孩子，最后还陪着我一起走去村头把垃圾扔进了垃圾回收站。

其实保护环境很容易：将喝完了的牛奶盒扔进垃圾桶里，吃完了的香蕉皮随手扔进垃圾桶，把阳台上花盆里的积水倒掉……这些都是我们能为保护环境做出的力所能及的事情，保护环境是每一位公民的责任，正如达尔文所

说"只有服从大自然，才能战胜大自然"，保护环境要从我做起，从生活中的点点滴滴做起。

　　此致

敬礼！

您的孙子：陈铉冰

2017 年 8 月

（潮州市"爱潮州·一起来——亲子携手共建美好家园"书信征文活动一等奖）

母爱，藏在考卷中

肖　洋

考试给考生带来了不少压力，而考试结束后考卷让家长签名、写意见一事，更是让不少同学犯难。曾经我也犯过这种签名恐惧症。如今，我不但能泰然处之，还从中读懂了母爱。

低年级的时候，我的学习成绩一直不错。考试几乎总能和 100 分携手。每次，妈妈写在考卷里的意见都是"再接再厉，继续加油"。这给了我很大信心，在妈妈鼓励的评语中，我考出了一个又一个的好成绩。

三年级时，那一次数学考试我又考了 100 分。老师在讲评试卷时，我发现一个答案是错误的，而老师却没有扣分。我主动向老师说明了情况，考卷上鲜红的 100 分变成了 99 分。回到家，我把事情一五一十告诉妈妈。妈妈听了后频频点头，夸我是个诚实的孩子。于是，考卷上妈妈的意见变成了"诚实远比 100 分更重要"。这句话给了我很大感触，使我在面临道德抉择时，一直坚守着诚实守信这一份宝贵的财富。

母爱，是成功时的鼓励，更是失败时的提醒。上学期的语文模拟考试，由于我没有认真复习，只考了个 68 分。望着那刺眼的 68 分，我十分沮丧、后悔。走在回家的路上，肩上的书包似乎沉重了许多，腿也像灌了铅似的，怎么也迈不开。回家的路，变得好长好长……终于挨到家了，平日里话匣子关不住的我，那天却寡言少语。妈妈似乎看穿了我的心思，想询问什么，我却已躲进书房，埋头写作业。夜色渐浓，作业就剩下那张需要签名、写意见的考卷了。我趁妈妈没注意，悄悄地把考卷放在客厅茶几上，然后灰溜溜逃回被窝，蒙头假寐……第二天早晨醒来，我发现妈妈已在考卷上签了名，附了意见。上头写着："一次小小的失败并不算什么，妈妈希望你能从中吸取教训，再创佳绩。"短短三句话，像一束阳光射进我满布雾霾的心房，让我

的心温暖了许多。那一刻，我下定决心，一定要好好努力，不辜负妈妈的期望。

啊！藏在考卷中的母爱，我一定会用心珍藏，细细品味，倾尽全力去回报！

（刊登于《小学生周刊》）

母爱如影相随

许骏戈

　　曾经读过一篇文章叫《谁与我同行》，印象特别深刻。文中那位悄悄打着火把在夜里为孩子照亮前路的父亲，一度使我感动不已，不想这样的事情有一天也会降临到我身上！

　　那是一个周末的夜晚，因为母亲有事，而补习班离我家也不算远，于是我主动要求独自步行前往，母亲爽快地答应了。夜幕降临，华灯初上，我就背上书包出发了。街上，人流如潮，流光溢彩，好不热闹！我一边哼着小调，一边欣赏着夜景，想到再也不用听到母亲的唠叨声，心情格外舒畅，脚步也不禁变得轻快了起来。

　　我大步流星地走着，恨不得顷刻间就飞向补习班。突然，身后传来了震耳欲聋的喇叭声。我吓了一跳，扭过头往后面一望，隐约看见母亲的身影。我定睛一看，人潮中却只见一群行色匆匆的路人。我只好继续赶路。突然，一辆自行车冲了过来，我急忙躲到一边，脚步也慢了下来。前方是一个十字路口，因为没有红绿灯的监控，长期交通比较混乱，今晚更是车流如织。我小心翼翼地挪动着，每走一步都很困难。不知不觉，我竟然陷在了"迷车阵"里面——小轿车、摩托车、自行车你不让我，我不让你，把这个路口挤了个水泄不通。我试图在车缝中找到一条出路，却举步维艰。想走回头路，身后却已是聒噪的车鸣，我惊慌失措，不知如何是好。我有点后悔自己的鲁莽了，为什么要自己步行出门？恍惚中，我偏过头一看。人群中，我清清楚楚地看见了一个人，那正是我的母亲！只见她骑着老旧的摩托车，慌慌张张地一会儿踩着油门，一会儿刹车，她正躲着一辆小汽车，离我差不多有十米远。我望向她，她也正焦急地望着忐忑不安的我，脸上写满了担忧，眼神却充满了爱的柔情。眼神碰撞的那一刻，我紧张的心顿时掠过一丝暖意，原来这一路上，母亲就像一个慈爱的影子一直跟随在我的身边，在背后关注着我，保护着我。我不再害怕了，闪过忙乱的人群和车流，闯出了一条路！

人生的路上，有母爱如影随形。每每想到这里，心中就又多了一份勇气和力量！

（刊登于《小学生周刊》）

那一刻让我感动

陈美琳

天下着蒙蒙细雨，细微的雨点拂过脸庞，落在街道上，有种微微的凉意。

"大爷！"我探了探身，朝报亭里的老大爷招了招手。

我常爱在放学后到这家报亭买杂志。卖杂志的是一位老大爷，常常穿着件军绿色的袄子，十分亲切，因为腿脚不好，所以便开了个报亭，守在这儿卖杂志。一回生二回熟，久而久之，一见着我，我不说，大爷就知道我要买什么了。

老大爷乐呵呵的，把杂志递给我："闺女儿，你上个星期没来，这杂志我可给你留着呢！这天气不好，你可得多穿着些。"说着，老大爷递给我一把雨伞："拿着，别淋湿了，要感冒呢！"

我心里不由得涌起一股暖流，忙向老大爷摆摆手，把钱放到他手里头，便抱着杂志走了。抱着心爱的杂志，我的心情也不由地变得愉快起来。我哼着歌，雨中的脚步也随之轻快起来。

当我快到家时，身后却突然传来一个声音："闺女儿，闺女儿。"我回头一看，竟是老大爷！雨中的他身影显得有些模糊不清。只看见那么一个身影，拄着拐杖，连雨伞都顾不得打开，踉踉跄跄而又有些着急。当老大爷走到我面前来时，那件军绿色袄子的颜色已经被雨水浸得更深了。那花白的双鬓旁，淌着串串雨水。我赶忙喊了一声，扶住了老大爷的肩膀。

老大爷双手搭在拐杖上，呼呼地喘着气，好一会儿，才颤颤巍巍地把握着拐杖的手摊开来。我一看，手心里是一张一元钱，早已被揉得不成样子，边角处满是折痕。或许是刚才被雨淋到了，那一角湿漉漉地粘在老大爷手里头。

"刚才你把钱拿给我的时候，多给了一块钱。你走得快，我连雨伞也没

拿，就忙追了过来。还好你后来听到我喊你……"大爷说着，把那一块钱递给了我。一块钱湿漉漉地粘在我手里头，却因为老大爷一路上紧紧地攥着而变得很温暖。老大爷不好意思地朝我笑了笑，转身走了回去。

我愣着，看着老大爷拄着拐杖在雨中的背影是那样朴实，那样善良！腿脚不好的他，为了一张小小的一元钱，冒着雨追了那么长的路……那一刻，我心里像是被什么触动了一般。雨淅淅沥沥地下着，我却丝毫感觉不到冰冷。那张皱皱的一元钱温暖着我的手心，老大爷朴实的微笑温暖着我的心灵。顿时，有种叫作感动的东西，温暖地包裹了我的全身……

（第四届潮汕"星河杯"中小学生现场作文潮州选拔赛小学组一等奖）

共建美好家园，从我做起

詹　溢

亲爱的爸爸、妈妈：

你们好！

我们潮州是一个非常著名的国家历史文化名城，是一座美丽漂亮的城市，"广济桥""古城墙""牌坊街""开元寺"等，都是著名的景点。今天，我想告诉你们一件事，那就是潮州正在开展"六城同创"创建工作，全市人民热情高涨，积极参与到"治六乱"大行动中来，上下一心，努力建设一个更加美丽、文明的城市，喜迎党的十九大召开！而我们作为城市的一分子，也要积极参与进来，具体可从以下三个方面做起：

首先，要做到的就是保护环境。地球就像一个大家庭，对待它就要像对待自己的家里人一样，用心好好去爱护它。保护环境，就要从小事做起，平时走路看到地上有纸屑，要随手捡起来，丢在垃圾桶。不要随地吐痰，不乱扔垃圾，不乱丢烟头等等。这些小事情看起来很容易，但是要坚持却相当难。希望爸爸、妈妈和我一起坚持，为共建美好家园出一份力！

其次，就是要做文明市民。在公共场合不要大声骂人，不要满口说粗话，要学会礼貌用语：谢谢、对不起、不客气、没关系等。不要轻易埋怨他人，要尊老爱幼，看到有困难的人，要热心帮助他。还有开车出去的时候，看到斑马线有行人，一定要放慢速度，让行人安全过马路。就像一首歌里唱的那样"只要人人都献出一点爱，世界将变成美好的人间"。

最后，希望你们做有正义感的大人。看到不文明的行为，要敢于上前制止。看到有违法乱纪的人，要见义勇为，并第一时间报警，让坏人被绳之以法！

爸爸、妈妈，让我们行动起来吧！做一个文明的潮州人，亲子携手，共建美好家园！

女儿：詹溢

2017 年 8 月

（潮州市"爱潮州·一起来——亲子携手共建美好家园"书信征文活动一等奖）

生活因旅行而精彩

郑　翀

周游世界，是多少人的愿望。世界这么大，走出去看看，你会发现蕴含在生活中的精彩。

寒冬腊月，寒风刺骨，在这个时段里，到峨眉山游玩是不错的选择。在大雾朦胧的雷洞坪，人们在茫茫白雪中慢慢走上山顶。此时，山下的报国寺传来一阵阵庄严的钟声，人们纷纷停下脚步，细细地聆听着这人间最美妙的音乐，心中不由自主地生起一种庄严而又奇妙的感觉，这亦是精彩万分。

金秋九月，秋高气爽，去杭州西湖看看美景也是不二之选。泛舟游西湖，三潭印月、雷峰塔，还有那人来人往的苏堤与断桥皆映入眼帘。又让人想到那传唱百年的白蛇佳话，让人想到那断桥上的撑伞人。此时此刻，西湖水在秋风吹拂下泛起微波，我的心也好似泛起波澜，好像看见那撑伞人的双眸一笑，看见那湖水倒映着的白蛇千年的等待。这美景与意境，真是精彩绝伦。

炎热的夏天，到泰国的普吉岛吹吹海风，度度假也是十分惬意的事。在沙滩上摆张小床悠闲地躺着，撑上遮阳伞，戴上墨镜，再在身旁放一杯可口的芒果汁，看着各色人群在海水中嬉戏、打闹。看着看着，我也加入了他们的"混战"，白种人拉着黑种人的手、黑种人又拉着我的腿，把我拽上岸去。就这样，我们玩得不亦乐乎，玩得忘记了饥饿和疲劳。在普吉岛生活的每分每秒都洋溢着欢乐，这种异域旅行每天都精彩纷呈。

世界那么大，让我们来一场说走就走的旅行吧！

（第八届潮汕"星河杯"中小学生作文比赛潮州市湘桥区小学组一等奖）

玉兰花芬芳
[小学生成长促进方式研究初探]

安全无小事

孙臻佳

中午时分，电话铃声响起，电话那头传来奶奶急促的声音："着火了！着火了！"我一听，差点儿吓傻了，赶紧转过头对正在看电视的爸爸说："爸，奶奶说那边闹火灾了！"爸爸先是一愣，然后接过电话："妈，别急，慢慢说。"电话那边隐约传来消防车的鸣笛声和嘈杂声，我感到双腿发软，只能扶着沙发坐下来。在奶奶语无伦次的话语中，我们终于明白是奶奶家小区的住户因用火不慎引发了火灾。

放下电话，我们火速赶往奶奶家。刚进小区，就看见停着的几辆消防车，地上满是积水。围观的人议论纷纷，人群中只见一位五十来岁的妇人像受惊的刺猬蜷缩在墙角，她头发凌乱，脸色煞白，眼神中写满了恐惧，嘴唇微微颤抖，不住地喃喃自语道："我怎么……怎么这么大意……"我顺着大家指的方向抬头望去，原来是楼上一户人家的厨房着了火，虽然明火已被扑灭，但还向外冒着浓烟，厨房的外墙已熏得炭黑，原先绿意盎然的窗台此时也满目狼藉。

走进奶奶家，只见两位老人正戴着老花镜在厨房里仔细检查煤气灶和煤气管，见我们来了，忙招呼我们坐下，爷爷语重心长地说："你们呀，成天不在家，出门之前要记得切断电闸、拧紧煤气阀门啊！"我说："爷爷，您放心，'有备无患保平安，人人把好防火关'嘛，学校经常举办消防知识讲座，开展消防安全疏散演练，这些，我们都懂。"

爷爷听后，露出欣慰的笑容，说："是啊，安全无小事，生活中我们应该不怕麻烦，防患于未然，杜绝安全事故的发生！"

（刊登于《小学生周刊》）

家中失火记

陈韩滢

一股呛鼻的气味向我袭来，我睁开惺忪的睡眼，看见卧室里弥漫着浓烟，心里一惊，慌慌张张坐了起来。推开房门，烟更浓了，眼睛被熏得又酸又痛，我不由得咳嗽了几声。

顺着浓烟寻去，我惊觉还插在插座上的电熨斗和底下的桌子正燃着熊熊烈火，发出"滋滋"的声音，火焰又高又猛，好似一个张牙舞爪的魔鬼在桌面上跳舞。

愣了一下，我立即回过神来，连忙大呼起火了，并大声叫醒沉睡中的爸爸、妈妈，爸爸、妈妈也慌慌张张地跑了出来。爸爸赶紧跑去大门外拔掉总闸，妈妈迅速跑到卫生间，提来一大桶水，对准火焰泼了下去。我灵机一动，拿着毛巾放到水里沾湿后拿给爸爸、妈妈，然后到冰箱取出啤酒，剧烈摇晃后，把瓶口对准火焰，撬开盖子，啤酒迅速喷射，桌子上的火势稍微控制住了，可是一旁的窗帘却被殃及，黑烟正不断冒出来。怎么办啊？我急得像热锅上的蚂蚁，不知所措。这时，爸爸好像是突然想起了什么，迅速冲出门外，过了不久，提着一个红色的瓶子跑了过来，对我们大喊："快走开！"我定睛一看，是灭火器！只见爸爸将瓶体颠倒了几次，然后除掉铅封，拔掉保险栓，左手将喷嘴对准火焰，右手压下压把，随着"呼"的一声，灭火器喷出许多干粉，爸爸又将喷嘴左右摇摆，干粉迅速覆盖了窗帘的燃烧区域，火终于被扑灭了！大家终于松了一口气。

看着狼藉的客厅，爸爸、妈妈边喘着气边收拾着，我也上前帮忙……

这次失火，让我明白到每个人、每个家庭，都必须增强消防意识，掌握消防基本知识，常备消防器具，从每一个细节做起，防患于未然，这样就不会因为一次电熨斗没关好、一次火烛没有及时熄灭等小失误，引起家庭火灾等安全事故，遇到火灾，大家也能及时正确处理，使家庭安全、邻里安全。

我是小小消防员

蔡孟师

今天，妈妈带着我到消防队参加"小小消防员"体验活动。

一大早，我们就来到消防体验大厅。小朋友们按照报名序号排好了队，由消防队的叔叔们帮我们穿上"小小消防员"的特种制服和鞋子。制服和鞋子又闷又重，穿在身上真难受啊。穿戴完毕，消防员叔叔就开始向我们介绍身上这套装备的作用，以及如何针对不同类型的火灾选用对应的灭火工具和各种常用灭火工具的使用步骤和方法。小朋友们听完之后，大都一知半解，不断提问。消防员叔叔耐心地给我们一一讲解、作答，直到我们明白为止。

接下来，最惊险、刺激的体验来了，那就是实地灭火演练。我们这组安排演练的是：木料着火明火火灾。

我来到火场，听见大火"呼呼呼"的声音，看到熊熊燃烧的大火就开始害怕了。可是，有那么多人都目不转睛地看着我呀。我只能硬着头皮去救火了。我鼓起勇气，打开水枪，提起来冲到大火附近，对着大火的底部喷去。"呼"地一下，大火就熄灭了。但周围的温度还是很高，我把四周都用水降了温，以防死灰复燃，然后高兴地回到体验大厅。

经过这次活动，我懂得了消防员叔叔是多么辛苦，多么勇敢！我要向他们学习，做一名小小消防员。

阮子轩

潘林钶

玉兰花芬芳

[小学生成长促进方式研究初探]

杨焕新

卢钰琪

蔡颐堞

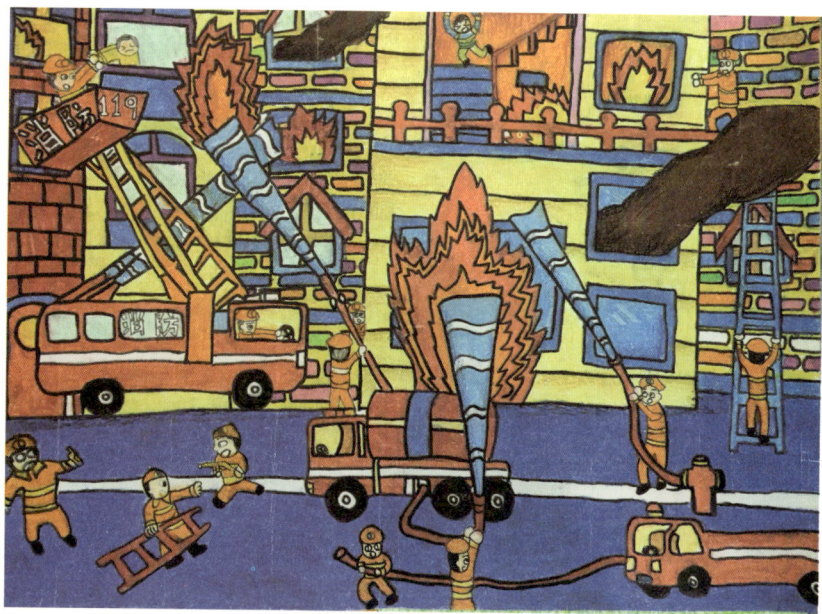

张鹏杰

梁沐曙

罗 彦

林炫宇

"放飞欢乐童心　助力税收宣传" 亲子风筝作品

黄琦媛

蔡梓璇

林弋力

蔡孟师

罗彦

薛仁戎

"童心喜迎十九大·六城同创绘家园" 学生作品

黄烁涵　《放飞梦想》

颜子涵　《携手共迎十九大》

阮子轩　《六城同创·童心盼新城》

陈浩林　《快乐新城》

邱奕铨　《新城新貌》

沈博樾 《新城新貌 唱响十九大》

黄 铄 《我是环保小卫士》

陈梓佳　《传播文明之风》

黄琦媛　《环保之城》

卢家乐　《绿色家园》

袁　菲　《喜迎十九大　创美丽家园》

蔡梓璇　《五彩潮州》

何汉燊　《韩江情》

蔡颐蝶　《腾飞的祖国》

张鹏杰　《六城同创·旧貌换新城》

潘宇梓　《六城同创·旧城换新貌》

蔡子淇 《花季》

李钰希 《环保之城》

沈博樾　《城市空气卫士》

张腾跃　《星球改造机》

蔡梓璇　《家园》

陈佳琦 《盛宴》

卢思霖　《太空雪莲》

陈怡帆　《树》

丁慧梓　《灯节》

洪婉茜　《未来的空中房子》

黄潮焕 《船》

黄 琳 《大餐》

张霖越　《太空眼镜走进小学课堂》

赵埼欣 《功夫茶》

明礼立身手抄报

陈　点　许骏戈　徐旖晗　丁思益　苏　欣

郑佳妮　蔡晓彤　陈钰冰　陈　铮

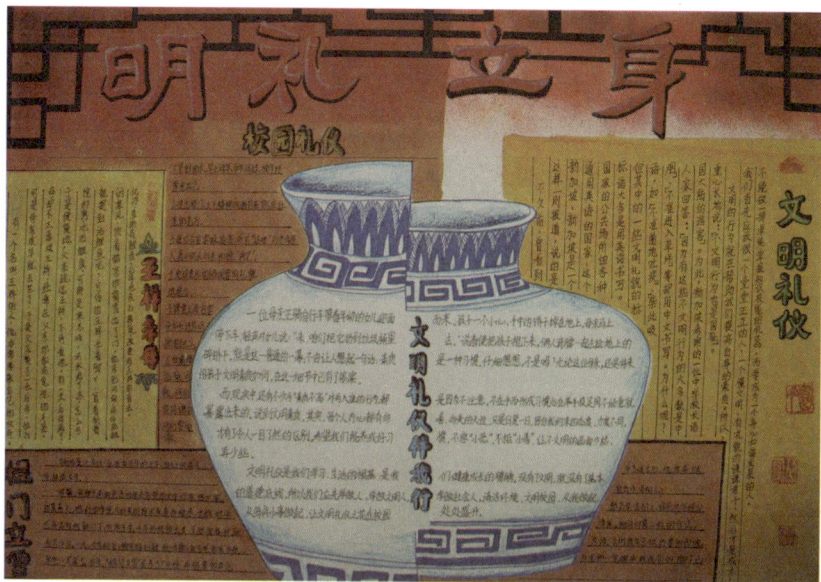

邱苑楠　陈卓伦　洪　镒　洪思芸

卢　烁　吴少枫　邱照宜　徐清华

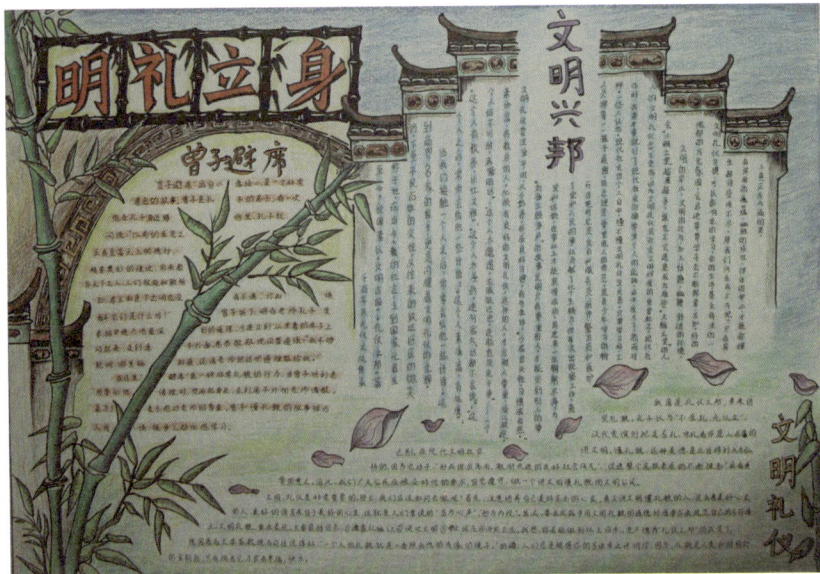

胡梓烨　陈　栋　陈栩涵　许梓琦

苏筱涵　黄佳煌　杨卓瑜　邱燕湘